筑摩選書

沖浦和光
Okiura kazuteru

宣教師ザビエルと被差別民

宣教師ザビエルと被差別民　目次

第四章　ザビエルが訪れた香料列島

第五章　戦国時代の世情と仏教

宣教師ザビエルと被差別民

まえがき

一　民衆文化とキリシタン渡来

フランシスコ・デ・ザビエルを中心としたイエズス会の布教の足跡に、私が深い関心を抱くようになったのは、十数年前にチースリクの『芸備キリシタン史料』（一九六八年、吉川弘文館）を読んでからである。その頃、私は瀬戸内海の水軍史を中心に芸備地方の海民の歴史を調べていたのだが、戦国時代末期の瀬戸内海の海賊衆でキリシタンになった者がいたのかどうかを調べるためにこの史料集を読んだのである。そこで初めて、ザビエルを先駆けとしたイエズス会の宣教師とその信徒たちの活動の実態を詳しく知ることができた。そして、中世末期における日本の大動乱期に、遠い西洋から新しい宗教理念を抱いてやってきた彼らの思想と行動が刮目《かつもく》すべきものであったことに気付いたのだ。私がそれまで抱いていた薄っぺらな「キリシタン布教史」のイメージは音を立てて瓦解していった。

彼らが投じた一石は、当時の民衆の宗教意識を予想以上に大きく揺がしたのであった。遠く離れた異界からやってきた南蛮人が伝える新しい神の教えは、最初は難解で奇異なものとして受け取られたに違いないが、民衆の生活レベルでも急速に大きな波紋となって広がっていった。あとで詳しく述べるように、わずか百年ほどの布教だったが、日本の宗教史におけるキリシタン時代を、これまでの私は過小評価していたのである。

ザビエルがインドとインドネシアへの布教の旅を終えてから日本へやってきたことは知っていたが、どの地方で、どのような階層の人たちの中に入って布教して、どういう社会活動を展開していたのか――そのような具体的な事情についてはほとんど無知であった。インドではおもに南西海岸に入ったことぐらいは聞き噛《かじ》っていたが、その布教の実態についてはほとんど知らなかったのである。

二　東洋にやってきたイエズス会

一九八〇年代に入って、しばしばインドを訪れるようになった。カースト制度を中心にインドの社会史と文化史を調べることが主要な目的であった。そして初めて、ザビエルのインド南西海岸マラバール地方における布教の足跡を知ることができた。今日のインドのキリスト教徒は約千七百万人であるが、その七〇％は不可触民の出である。その多くは漁夫海岸と呼ばれた南西海岸に集中しているのだが、それはイエズス会の宣教によるところが大きかった。ザビエルがおもに布教したのは、ヒンドゥー教の社会では卑賤視されていた漁村の村々であった。

それからしばらくたって、ザビエルが一五四六年一月から約一年半、すなわち日本にやってくる直前に、一万キロの波濤を越えてインドネシアの辺境の諸島を訪れていることを知った。酷暑の地で生命の危険を冒しながら、当時野蛮で無知な「人喰い人種」「首狩り族」としてさげすまれていた先住民族の間で布教していたのだ。

うかつなことだったが、それまでザビエルについてそれほど関心を抱いていなかった私は、たまたま訪れたマルク諸島で、ザビエルがこの地を訪れていることを初めて知って驚いた。今まで日本滞在中に書いた手紙だけを拾い読みしたにすぎなかったザビエルの書簡集を、帰ってから改めて読んでみた。そして、その断固とした決断力と果敢な行動力に改めて舌を巻いた。

いかなる危険をも恐れぬザビエルの勇敢な冒険心と、この世の底辺で貧困と差別に呻吟している人びとに対する深い愛のまなざし。そして、慈悲と奉仕の精神でもって、「心の癒し」を声高に説くだけではなく、自ら率先して献身的に実践していったのである。その類を見ない果敢な行動力を、われわれのような俗人は、すぐに宗教的信念の発露といった理解で片付けてしまう。

　だが、ザビエルのそれは、既成のカトリシズムの範疇に収まるものでは決してなかった。彼をそこまで駆り立てたのは、若い時代の思想形成期において、何か秘められたものがあったのではないか、と考えるようになった。そして、彼の四十六年間にわたる偉大な生涯の全貌を知りたいと思うようになった。その第一歩として、どうしても彼が最初に布教したゴアとマラバール海岸の漁村地帯を訪れねばならないと思った。

　ザビエルが東洋で布教したのはおよそ十年間であるが、その間のおよそ五年間は、数万キロに及ぶ苦難の旅を続けている。つまり、一所定住の布教生活の日時は少なかったのだ。そして彼が独力で布教した教線をたどってみると、信徒がたくさんいて教化地区としてすでに安定していた地方は一つもなかった。そのほとんどが異教徒の住む未知の土地であった。

　最初の布教地は、貧しくて賤視されていた漁民の多いインド南西部のマラバール海岸だった。ヒンドゥー教では、漁民は「不殺生戒」を犯す者として賤視されてきた。ついで未開の辺境とされていた南太平洋の香料列島に赴いて、灼熱と猖獗《しょうけつ》の地で先住民族の間に入って布教している。それからやってきたのが、やはり未知の土地だった日本であった。

三　日本の卑賤者とキリシタン

日本においては、もちろん、文字を学んで物の本を読む機会に恵まれた上層の支配階級からの入信者もいた。だが、信徒の大半は、学問とは無縁で読み書きもできぬ貧しい民衆であった。彼等の多くはその日暮らしで、「不殺生戒」をはじめとした仏教の戒律を守ってはいなかった。大寺院の得度僧たちは、民衆の間に入って仏の道を説くことはなかった。特に数多い下層の民衆は、「十悪五逆」を犯した「罪悪深重の凡夫・悪人」「下根劣弱の衆生」であって、仏の慈悲が及ぶことはありえず、仏法の外にある棄民とみなされていたのであった。

そのような「棄民」を相手としながら、見捨てられていた底辺の社会にあって、庶民信仰を担っていたのは乞食をしながら諸国を歩いていた下級の聖たちであった。もちろん得度もせずモグリの僧形をした聖たちであったが、彼らは貧しい在所を遊行しながら民衆と共に生きていった。そして、この底辺の社会からキリシタンになった者が多かったのである。

そのことは日本人として布教の最前線で最も活動し、三千人にのぼる信者を得たと伝えられていたのが、目の不自由な琵琶法師・ロレンソ了西《りようさい》(了斎とも)だったという事実に象徴されている。その当時の障がいを負った遊芸民が「道々の者」と呼ばれて、社会的にどのように処遇されていたか、改めて言うまでもない。

ザビエルをはじめイエズス会の宣教師たちは、できるだけ情報を集めてそれなりの予備知識を持って未知の土地に赴いたのだが、現地に関して当時は数少ない記録しかなかった。したがって伝聞による情報には大きな限界があった。いずれにしても、はっきりした実態がつかめぬ異教徒の国である。その歴史や文化や習俗がよく分からぬ土地で、ひとたび事が起これぱその生死はおぼつかないし、その生命を守ってくれる者は周りには誰もいないのであった。

確かにザビエルの厖大な書簡集を通読してみると、キリスト教の教義を説く教理問答書を中心に熱心にイエズス会の教旨を布教し、一人でも多くの信者を得ようと必死の努力を重ねている。しかし、彼の努力は、一人でも多くの信者を得ることができればそれで良しとするものではなかった。それは結果にすぎないのであって、決して数字の上での信者獲得を至上命題とするものではなかった。

あとで詳しくみるように、同じバスク地方に生まれた盟友イグナティウス・デ・ロヨラとともに、彼はローマ教会内の改革運動としてイエズス会を結成した。その当時はマルチン・ルター(一四八三〜一五四六)やジョン・カルヴァン(一五〇九〜六四)を中心に、腐敗し堕落していたローマ教会への批判と攻撃が各地で起きていた。西洋史の一大転換期となった宗教改革の時代であった。

それまでの〈神〉と〈人〉との関係を根本から問い直すだけではなく、教皇制をはじめとしてこれまでのカトリック教会のあり方を根本から否定する運動へと広がっていった。それはまた、中世スコラ学のもとで形成されていった〈神〉概念の根本的な再検討を踏まえながら、この俗世における〈人〉と〈人〉との新しい関係のあり方を模索し、人間の新しい生きざまを求める世直し運動へと発展していく画期的な時代であった。

人類史の大転換期に生きて、さまざまの苦難に耐えながら、「人間としてどう生きるか」「何を目ざして生きていくのか」というテーマについて考え、自らもその信じる道を実践していった数多くの先達の姿を思い浮かべながら、本書を書き進めでいく。

四　物語の構成

かなり大袈裟な出だしになってしまったが、まずこの歴史物語の主要な柱になるものを挙げておこう。ざっと挙げてみると、二部構成で次のような二十項目になる。もちろん、この柱に沿って書き進めていけば資料だけでも厖大な頁数となるので、実際には要点を押さえながら歴史ドキュメントとして物語風に再構成していくことになる。

［第一部］

一　イスラム教世界とキリスト教世界の対立

二　十五世紀における《大航海時代》の開幕

七　〈島原の乱〉と「宗門改」制度
八　隠れキリシタンと「キリシタン類族制」
九　近世後期における〈崩れ〉の実体
十　明治の開国とキリスト教解禁

とりあえず言えば、この二十にのぼる柱がこの歴史物語を構成する重要な要石《キーストーン》になっている。そして、この二十の要石に沿って物語は進行していくのだが、前半はインドと東南アジア、後半は日本列島が主要な舞台となる。

東洋と西洋を結ぶ点と点との接触は、それまでも皆無ではなかった。有史以前から、きわめて細い回路だったにせよ、両者を結ぶ交通路が開かれていたことはすでにさまざまの記録によって明らかにされている。

だが、十六世紀に入って次から次へと外洋帆船で運ばれてきた西洋文化の波が、東方世界の隅々までしだいに浸透していくようになったのは大航海時代以降である。もちろん、キリスト教が東方世界に知られるようになったのは、これらの帆船に乗って宣教師たちが初めて未知の土地に上陸してからであった。

《大航海時代》から始まって、《東洋に布教したイエズス会》を基軸として《日本のキリシタン》に及ぶ——このような要石の配列を見れば、たいていの読者は、先に挙げた二十にのぼる柱を結ぶ歴史的な流れの結節点に立ち、東西の人間交流に大きな一石を投じた小さな宗教結社が何であるか、もうお分かりだろう。もちろん、「イエズス会」に他ならない。そして、その会の東洋への初代布教長としてやってきたのがフランシスコ・デ・ザビエルであった。

この物語の序幕の舞台となったのは、インド南西海岸のゴアである。そのゴアを起点として、東方への海路に沿って、この物語のステージは広がって行く。マレー半島のマラッカからインドネシア香料列島のアンボイナ（現アンボン）、さらに中国大陸南部海岸のマカオ・広東から寧波へと連なる航路が、太い線となって浮かび上がってくる。

この「海のシルクロード」と呼ばれた海路が、大航海時代以降の東西交流の大動脈となった。そこからさらに東方世界の東北端にあった日本への海路が開かれていくのだが、その航路は海のシルクロードから派生した一支脈にすぎなかった。

新しく開拓された航路に乗って、インドのゴアを東洋布教の拠点とした「イエズス会」の宗教運動は、東へ東へと教線を進めていった。一五四九年八月に日本の鹿児島に上陸してからは、平戸から山口へと教線を伸ばしていった。最も活発に布教が展開されたのは、当時のキリシタンが日本の「豊後・下地方」と呼んだ府内（大分）・長崎・島原・天草であった。

そしてこの豊後・下地方を中心に、この物語の後半の壮絶なドラマが展開されていくのである。

五　キリシタンが日本にもたらしたもの

ひとかどの教養がある現代の日本人でも、『聖書』を通読し、教理問答書（カテキズム）に目を通してキリスト教の教義を理解することはそう簡単ではない。にもかかわらず、文字も満足に読めず高尚な宗教談義とは全く無縁であった下層の民衆が、言葉も考え方も十分に通じない異国からもたらされた新宗教運動に、なぜ敢然として参加していったのだろうか。

一体、彼らは本当にイエスの説いた「神の国」について理解することができたのであろうか。熱心にその教えを説く宣教師の姿を見て、何を感じたのだろうか。このことは日本だけの問題ではない。インドや東南アジアを含めて、東方世界でも多くの民衆が信徒となった。何が彼らを駆り立てて、全く未知の異教の神、イエス・キリストの信徒たらしめたのであろうか。

あとで詳しく見るように、豊臣秀吉は一五八七（天正十五）年に、いわゆる「バテレン追放令」を出した。その後を継いだ徳川家康は、対外交易を円滑に進めるためにキリシタンの布教を黙認していたが、一六一二（慶長十七）年に幕府直轄領におけるキリシタン布教を禁じ、一六一四年には全国にキリシタン禁教令を発して、在日宣教師の国外追放を命じた。

幕府は寛永年間に入ると、キリストや聖母マリアの像を足で踏ませる「踏絵」によってキリシタン探索を強化し、さらには宗旨人別帳による「宗門改」を制度化した。家ごとにとどまらず個人別に戸籍台帳を作成して、すべての人民が仏教寺院の檀家になることを義務づけたのであった。

そして、一六三五（寛永十二）年には、いわゆる「鎖国令」を出して日本人の海外渡航を禁じ、西洋人との混血児の海外追放、長崎出島の建設による西洋人の隔離策を実行した。そして、ローマ・カトリック系のポルトガル、スペインとの交易を禁じて、プロテスタント系のオランダとの通商に窓口を一本化したのであった。

そして、一六三七（寛永十四）年に勃発した《島原の乱》後は、ほぼ完全にキリシタンの活動は終焉した。それからは「キリシタン類族制」を実施して、その子々孫々に至るまで信仰に立ち返る者が出ないように、出産・結婚・死をも克明に記録して「類族帳」に登録させた。そのような国家権力による水も漏らさぬ個人ごとの「宗門台帳」の作成と、棄教せぬ者を死罪とする徹底的な迫害は、世界の宗教弾圧の歴史でも例を見ないものであった。

民衆の多くは弾圧によって棄教した。だが、転向すれば生命が助かることは分かっていたが、最後まで仏教への転宗を拒否して、ついに殉教していった民衆もかなりの数にのぼったのである。

彼らは何を願い、何を志して、一種の運命共同体とでもいうべきこの新しい宗教結社に加盟していったのか。それまで全く未知であった西洋人のもたらした新しい思想・文化運動に、何を期待して参加していったのだろうか。——そのような問題の社会的土台と文化史的な意味を追求していきながら、その実相を解明していくことになる。

六　被差別者とキリシタンへの視点から

序文を終わるにあたって、私事で恐縮だが一言付言しておく。私の青年時代は、戦時中の少年時代に身に蒙った天皇制ナショナリズムの反作用もあって、「戦後世代」の通例として〈脱亜入欧〉思想にすっかりとらわれていた。そこで、ヨーロッパの文化史と社会思想史を専攻するようになった。したがって四十代までに書いた論文は、その三分の二が西洋に関することが主題であった。

一九七〇年代初頭に西洋に留学して、初めてその市民社会の実相に接した。その帰途インドに立ち寄り、さらにその翌年アフリカを訪れた。そこで一つの「回心」を経験したのであった。それをきっかけに東南アジア諸国を毎年のように訪れるようになった。

その「回心」とは何か。それについては『わが人生の転機』と題した小稿を草したことがある（「朝日新聞」一九八六年三月十一日付）。インドとアフリカという非西洋社会の一端に触れたことによって、私のそれまで抱いていた〈脱亜入欧〉を根幹とした思想体系が大きく揺れ動き始めたのであった。そういう問題意識を反芻するために、一九八〇年代からインドへ六回、東南アジアへは三十回あまり訪れた。そこに住む諸民族の歴史・宗教・文化・民俗を自分なりに学びながら、「物の考え方」や「人間の生き方」について改めて考え直さねばならないと思ったのである。

そして、私の胎内に長い間巣食っていた《未開から文明へ》という単線的な歴史進歩史観がしだいに解体されていった。毎年のように辺境とされていた土地を歩き新鮮な発見の旅が続いた。大自然の中で生活しながら小さな共同体で生きる人びと——そのほとんどが先住民族であったが——彼らの生活は古い時代の人間の生活を偲ばせるが、同時にまた人間の新しい生き方を示唆する何かがあると感じた。

その頃にもう一つの大きい出会いがあった。今では日本近代思想史にその名が出てくることはまずないが、高橋貞樹が一九二四年に十九歳で書いた『特殊部落一千年史』である。発売直後に発禁となって幻の名著と伝えられていたその本を復刻版で読んで、私は大きい衝撃を受けた（現在は岩波文庫版で読める。『被差別部落一千年史』）。

アジアの各地からやってきた日本民族の諸源流から説き起こし、古代天皇制国家における身分制の形成史を第一章に据えている。日本史を通底する〈聖〉と〈賤〉との対抗を鋭くえぐり、日本文化の深層に流れている賤民文化という地下伏流に説き及んでいる。それから私は高橋に関する全資料を集め、まだ存命されている旧友人諸氏を探し出して、彼の青春の時代について尋ね歩いた。きわめて不十分なものだったが、高橋の思想的軌跡を中心にかなり長い評伝を書いた（『日本マルクス主義の一つの里程標』「思想」一九七六年十二月号から四回連載）。

高橋はモスクワに二年あまりの留学経験をもち、当時の世界の革命運動ともさまざまの接点をもっていた。日本の〈部落差別〉にとどまらず、〈人種差別〉、インドの〈カースト制差別〉、〈ユダヤ人差別〉、〈先住民族差別〉などについて広い視座から論じている。私の狭い知見では、世界史に現存するさまざまの差別について紹介し、それらの問題の歴史的起源を全体的に論じたのは日本では高橋が最初であろう。

もちろん今日的視点からみれば、高橋の鋭い論調も資料の不足と時代の制約を免れ得ないのであるが、私は大きい影響を受けた。私は大学の卒業論文では「アメリカにおける植民地形成とヨーロッパ文化の転移」をテーマとしていたので、植民地問題についてはそれなりの意見をもっていたのだが、やはり先住民族を征服し支配した西洋列強の側からの視座、つまり西洋を中心とした〈近代〉の枠組から脱け出ていなかったことを思い知らされた。

このように人生の峠にさしかかった地点で、「アジア文化の独自性と多様性」と「植民地支配下の人権と差別」、そして「人間は何を目ざして、何のために生きるのか」という大きい三つの問題に改めてぶつかったのである。

それからすでに三十年近くが経過しているが、本稿もそのような到達点があって初めて書くことができたのである。ザビエルをはじめここに登場する人たちが、実際にそこで布教したインドや東南アジア島嶼《とうしょ》部を訪れることがなければ、私はこの原稿を書くことはできなかった。

第一章

《宗教改革》と《大航海時代》の申し子・ザビエル

一　少数民族のバスク人だったロヨラとザビエル

この物語の第一幕の主役であるザビエルは、イベリア半島の北東部にあるバスク地方に生まれた。

バスク地方は、イベリア半島の中でも、地誌的にも歴史的にも特異な風土として知られている。バスク地方は、半島の北部からピレネー山脈の南西部山麓まで広がっている。「バスク」という呼称は、紀元前一世紀頃にこの地を占拠したローマ人が、この地方の先住民族をウァスコニア（Vasconia）と呼んだところに由来している。

この地のバスク人は、旧石器時代からの先住民族であり、インド・ヨーロッパ語族に属さない固有の言語を持っていた。狭いバスク地方の両側に住んでいるスペイン人とフランス人から、異民族として特別の目で見られ、数千年にわたって独自の民族文化のもとで生活してきたのであった。今日でも民族の自治権と、その独自文化の保持を目的とする抵抗運動が続けられていることはよく知られている。

ナバラ王国の首都パンプローナは、紀元前七四年にローマ人が建設した町で、バスク地方では唯一のローマ的な都市だった。フランシスコ・ザビエルが生まれたのは、そのパンプローナから約五〇キロメートル離れたザビエル（現ハビエル）だった。今日では観光客が訪れ

ザビエル城（2006年撮影）

ることもない小さな寒村だ。

ザビエルの荒涼とした丘の上に、彼が生まれ育ったザビエル城が復元されている。度重なる戦乱で昔の城は焼け落ちたが、あとでみるように彼の父はナバラ王国の大臣を勤めた家柄であった。

一九三六年にスペイン内乱が勃発すると、人民戦線派の共和軍を支持するバスク自治政府が樹立され反フランコ政権の側に立った。ピカソの代表作『ゲルニカ』は、ナチスによるゲルニカ爆撃に抗議して描かれたものだが、ゲルニカはバスク地方の古い都の一つである。その議事堂の横にある樫の「ゲルニカの木」は、今日でもバスクの独立のシンボルとされている。

バスク地方の中心地であったナバラは、七七七年にフランクのカール大帝が侵入してからはその属領とされていた。イベリア半島の中でも辺境の地だったのでローマ文化の浸透もあまり見られず、キリスト教化も遅れていた。ようやく九世紀末頃から独立して「ナバラ王国」が形成されると、新興のキリスト教国として注目されるようになり、西ヨーロッパのキリスト教世界とイベリア半島を結ぶ交通の要衝となった。商業路でもあり、巡礼路でもあった大道が同国を通っていたために、西からの新しい文化がイベリア諸国に伝わる入口として重要な役割を占めていた。

ザビエルの類い稀な意志力と思慮深い指導力は、そのようなバスク人の苦闘の歴史の中で育まれてきたのである。そしてザビエルと共に「イエズス会」を結成して、ローマ教会内の新しい改新運動の火の手を挙げたイグナティウス・デ・ロヨラ（一四九一〜一五五六）もまた、このバスク地方の生まれであった。

ロヨラはバスク地方のアスペチアにあるロヨラ城で貴族の家に生まれた。一五二一年のフランス軍のナバラ王国の首都バンプローナ攻撃の際には、僅かの兵士を率いて祖国防衛のために闘ったが、ロヨラ自身は重傷を負い、城はついに陥落した。片足が不自由となったロヨラは重い障がいを負いながら生きていくことになるのだが、それがなければ海外への布教に出かけていたであろう。そして手術を受けて病の床にあった最中にキリストに関する本を読んで、それまでの自堕落な貴族生活を自省して大きく回心し、神に奉仕する巡礼者の黒い服をまとって勉学と修養にいそしんだ。スペインの大学で勉強している時に異端として宗教裁判所に訴えられて監獄に入れられた。

もう一つ付言しておかねばならないのは、東洋にやってきたザビエルたちは下層の民衆を中心に布教を進めたのだが、特に漁夫たちの貧しい村に入ったことは注目される。それには、バスク地方に根強くあったヤコブ信仰が作用していたと思われるのである。

十二使徒の中でも早くからイエスに従った弟子であったヤコブとヨハネの兄弟は、ガリラヤの漁夫であった。ヤコブはキリスト教を容認しなかったユダヤ王ヘロデ・アグリッパの迫害によってパレスティナで殉教したが、遠くイベリア半島まで伝道し、数々の奇蹟を起こしたという話がながらく語り伝えられていた。

九世紀初頭に、スペイン西北部のサンチャゴ・デ・コンポステラでヤコブの遺骨が発見されたというニュースは、たちまち西ヨーロッパのキリスト教世界に広がった。ヤコブは特にイスラム教徒と闘うキリスト教徒の守護神とされたので、十字軍全盛時代にはその地を訪れる巡礼が西欧各地から絶えなかった。あとでみるように、その巡礼路はバスク地方のナバラ王国を通っていた。ナバラ王国の東端にあるザビエルで生まれ育った若き日のフランシスコ・ザビエルの信心にも、この漁師ヤコブの像が強く刻み込まれていたのであろう。

二　大航海時代の幕開け

まず最初に、この歴史物語に登場する人たちが生きてきた時代を、簡単にスケッチしておこう。どのような舞台背景のもとで、このドラマが繰り広げられたのだろうか。

幕が開くのは、十五世紀の《大航海時代》である。十五世紀から十七世紀前半にかけて、西ヨーロッパの各国は、東洋への進出を競った。まずポルトガルがアフリカ大陸の南端を回ってインドへ、それを追うようにスペインが大西洋を横断してアメリカ大陸への新航路の開拓に乗り出した。その当時は広大な太平洋の存在は地誌的にも明らかでなく、アメリカ大陸はインドからの地続きであると推測されていたのであった。

このようにイベリア半島のポルトガル・スペイン両王国が大航海時代の先駆けとなったのであるが、そのきっかけになったのが、イベリア半島における国土回復戦争として知られている「レコンキスタ」(Reconquista)であった。

前一世紀の頃から、イベリア半島はローマ帝国の属州としてヒスパニアと呼ばれていた。ローマの支配は五百年も続いたので、キリスト教とラテン語がしだいに普及していった。五世紀に入ると、四七六年の西ローマ帝国の滅亡とともにゲルマン人の南への移動が始まった。ローマ人から見れば、ゲルマン人は文化的に遅れた後進の民族であった。その中でも西ゴート族が優勢を占めていて、七世紀には半島の大部分を支配するようになった。この西ゴート王国はアリウス派のキリスト教を奉じていたが、しだいにローマ・カトリック勢力がその内部で伸長していった。

先にみたようにバスク人は、絶え間ない外部勢力の侵入に対して果敢に戦って、外来文化の浸透に抵抗したので、西ローマ帝国の新しい文化もこの地まではなかなか及ばなかった。

六世紀後半にイベリア半島の政治的統一を成しとげた西ゴート王国は、七世紀後半に入ると深刻な内部危機に陥っていたが、北アフリカから進攻してきた新興イスラム勢力によって七一一年に攻め滅ぼされてしまった。西ゴート王国の支配層は、難民となってピレネーからカンタブリアにかけての山岳部に逃れてきた。彼らが持ち込んできた文化は、先住民族バスク人の社会にも大きい波紋を投じることになった。

このようにバスク地方は、ローマ人、西ゴート族、フランク王国、そしてイスラム勢力と、何世紀にもわたって外部勢力の侵攻を受けてきたのであるが、九世紀末頃からピレネー山脈の南北にまたがる独立王国ナバラ国を形成した。バスク地方のキリスト教化はイベリア半島では最も遅れていたが、十世紀に入るとこの「ナバラ王国」は新興キリスト教国家として独自の地歩を固めるようになった。

八世紀初頭からおよそ八百年にわたって、イスラム勢力がイベリア半島を占拠していた。アフリカから侵攻してきたイスラム勢力は、コルドバを首都としてイベリア半島の東部と南部をその支配下においたが、北部と西部にはその進攻の手をなかなか伸ばすことができなかった。

アラビア人とモロ人（ムーア人）から成るイスラム勢力を、キリスト教徒がイベリア半島からアフリカに追い払ったのは一四九二年であった。その年のグラナダ奪回をもって、ようやくイベリア半島におけるキリスト教徒の支配権が確立された。

その解放運動の過程で、イベリア半島に割拠していたいくつかの小王国の統合が進み、バ

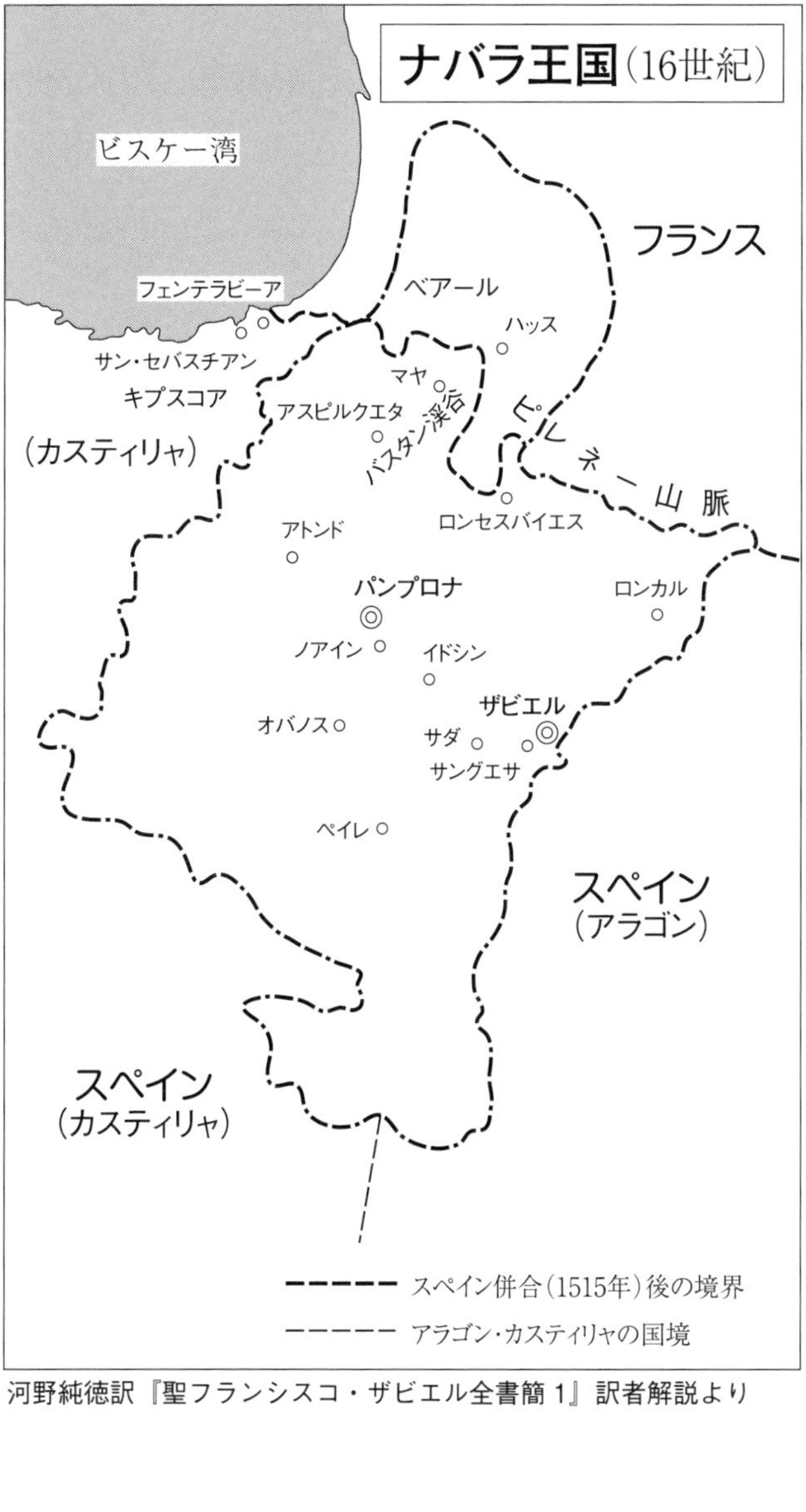

河野純徳訳『聖フランシスコ・ザビエル全書簡 1』訳者解説より

スク地方に栄えていたナバラ王国も一五一五年にスペイン王国に併合されてしまった。

ザビエルは、このナバラ王国の東端にあったザビエルの町で生まれた。彼の父は大臣として国王の側近の重職を勤めていたが、一五一二年にスペインがフランスに宣戦し、スペイン軍がナバラ領内に侵攻してきた。父は心労のために死んだが、その翌月にスペインはナバラ王国を併合してしまった。ザビエルの兄たちはフランスと同盟してナバラ再興のために闘ったが、スペイン軍に攻められてピレネー山中へ敗走した。兄たちがザビエル城に帰ってきたのはそれから三年後であった。

このようにして、ポルトガル・スペインの両カトリック王国が成立したのであった。その当時のヨーロッパの各地方は、大規模な農民の反抗が発生して領主層の支配体制も揺らぎ、経済的にも疲弊していた。《宗教改革》の激しい抗争もあって、政治的主権の統合も進まず、国民的統一国家はまだ成立していなかった。

そういう情勢の中で、初めて国内の諸勢力を統合して、強大な権勢を誇る王政国家として誕生したのがイベリア半島の両国であった。そしてローマ教皇と手を結んだ両国の国王の主導のもとに、《大航海時代》の幕が切って落とされたのである。

三　イスラム勢力に包囲されていたキリスト教世界

ところで、十四世紀頃の西ヨーロッパは、経済的にも文化的にもイスラム勢力よりはるかに劣勢であった。東の出口であった地中海はオスマン・トルコに、南の出口は北アフリカを席巻してイベリア半島まで侵入してきたアラブ人に抑えられていた。

地中海東部のキリスト教勢力は、東ローマ帝国として地中海を支配していた。しかしイスラム勢力はしだいに地中海沿岸部へもその食指を動かしていった。ナポリやヴェネツィアなどの海事都市国家は、ひそかにイスラム商人との交易を行って莫大な利益を得ていた。ビザンチン（現コンスタンチノーブル）を首都として地中海の東の出口を抑えていた東ローマ帝国も、しだいにイスラム勢力に包囲され、強力な艦隊で辛うじてその都を守っていたが、一四五三年にはついにオスマン・トルコに滅ぼされてしまった。

このように、ヨーロッパのキリスト教世界はその周りを強大なイスラム勢力に包囲され、東方世界との通商航路も彼らに握られていた。交易品になるような目ぼしい物産品も西ヨーロッパではほとんど生産していなかったので、東方世界との交易もはかどらず経済的にはなかば封鎖された状況におかれていた。そして、イスラム商人と競いながら、イスラム世界とキリスト教世界の間で、自由に動き回る貿易商人として活躍していたのがユダヤ商人であった。

文化や産業技術の水準においても、東方の文化を融合したギリシャ文明、すなわち、ヘレニズム文明をいち早く吸収していたイスラム勢力が断然優勢だった。ギリシャ語文献はアラビア語に翻訳されて、イスラム世界の共有財産となっていった。東西交易において獲得した巨大な富を土台にして、天文学・数学・医学をはじめとする自然科学、そして、航海や造船などの海事技術、さらに商業や金融などの経済の分野でも、イスラム勢力はキリスト教勢力より何歩も先んじていた。

大航海時代が始まるまでは、西ヨーロッパと東方世界との交流は、海と陸の「シルクロード」だけが唯一の細い回路だった。その一筋の航路も、ながい間イスラム商人によって握られていた。地中海で活躍していたキリスト教世界の船が東方へ出ようとしても、アラビア半島を抑えていた強大なイスラム勢力が立ちはだかっていたのである。したがって、ヨーロッパに伝えられる交易品も情報も少なく、まだ西ヨーロッパ文明と東アジア・東南アジア文明との全面的な接触は始まっていなかった。

東方にはインドと中国という独自の文明社会を築き上げた巨大な国があることは、もちろん早くから知られていた。インドに関する情報は、アラブ商人や地中海商人の手によって、西ヨーロッパにもかなり伝えられていた。しかし、中国とその周辺に関する生々しい情報が、実際の見聞をもとに西洋に紹介されたのは、ベネチア商人マルコ・ポーロが行った東方旅行（一二七一～九五）の体験談が『世界の叙述』の名で出版されてからである。原本は早く散逸してしまったが、それをもとに潤色加筆された写本が『東方見聞録』の名で広く流布されたのは十四世紀に入ってからである。

北アフリカ、中央アジア、インド、さらには今日インドネシアと呼ばれている東南アジアの島嶼部まで次々にその版図を広げていったイスラム世界は、数多くの港湾商業都市で栄えていた。それに対して中世の西ヨーロッパでは、人口一万を越える都市は数えるほどしかなかった。イスラム圏の生産と交易の一大センターとなっていたバグダード（Baghdad）は、十世紀には人口百五十万の巨大都市に成長していた。

つい先ほどまで世界史認識の基本的視座とされていたヨーロッパ中心史観は、十七世紀以降の近代を通過した後に形成されたものだが、そのような歴史観による偏光レンズでは当時の西洋世界全体の実情を見誤ることになる。《大航海時代》が始まるまでは、西洋世界の動きはイスラム勢力によって完全に左右されていたのであった。

そのようなイスラム勢力と数百年にわたって果敢に争ってきたイベリア半島のキリスト教勢力は、戦いながら相手の高い文化や技術を学び取り、十五世紀の西ヨーロッパでは文化の面でも軍事の面でも最先端に立つことになったのである。ローマ教会の支配から離れた新興国家として、オランダとイギリスが先行するスペインとポルトガルを追い抜くまでには、なおあと百年が必要だった。

さて、イスラム勢力を駆逐して国土回復が成ると、イベリア半島の両国はそれまでの閉鎖状況を打開すべく努力した。しかし、地中海から東へ進む道はイスラム勢力によって遮断されていたから、狭いジブラルタル海峡から広い大西洋に向かって海外進出を開始する以外には道はなかった。

四　西洋を揺るがした《宗教改革》の大波

ところでこの十五世紀末から十六世紀にかけての時代は、西洋においては《宗教改革》の大激動期でもあった。ローマ教皇を頂点に戴きキリスト教世界を一元的に支配してきたカトリシズムに対して、ルター派やカルヴァン派などプロテスタント各派が果敢な批判と闘争を展開していた。

その前史となったのは、十三世紀末からの《ルネッサンス》だった。イスラム世界を経由してヨーロッパに伝わってきたヘレニズム思想は、〈自然と人間〉〈神と人間〉との関係を中心に、中世スコラ哲学によって構築されてきた自然論・世界論・人間論の学問体系をしだいに突き崩していった。そして、〈自然の発見〉〈個人の解放〉という学問研究の清新な気運をヨーロッパ各地で巻き起こしていた。つまりその頃のキリスト教世界は、それまでの宇宙観・地球観を覆す思想上の大変革期に遭遇していたのである。

そのような脱・中世を目指す新しい文化的風土を基盤として、ローマ教会に規制されてきた旧来の秩序を覆そうとする宗教改革の広汎な運動が、西ヨーロッパの各地で発生してきたのであった。

すなわちこれまで絶対的な価値基準とされてきた教会の権威と教義に束縛されず、人間として自由に生きようとする個我の意識が、社会の各方面から湧き起こってきたのであった。創成期の市民社会の内部都市市民を中心とした経済的自立への志向がその根底にあった。創成期の市民社会の内部から湧き起こってきたこの運動は、ミュンツァー派に代表されるように下層の農民をも巻き込んで、戦闘的な世直し運動にまで発展する激しい勢いを見せていたのであった。

このように見てくると、《宗教改革》と《大航海時代》は、中世末期のヨーロッパ社会が抱えていたさまざまの矛盾の内的かつ外的な表出であって、まさに表裏一体として捉えねばならぬことが分かってくる。

すなわち、《宗教改革》は脱・中世への文化的・精神的な大きい契機となったが、《大航海時代》の開幕は、西ヨーロッパ社会の経済的・政治的な行き詰まりを打開するための起死回生の冒険行であり、外に向かっての脱・中世への大きい動きであった。

そして、中世ヨーロッパの終焉を告げるそのような動きは、西洋社会だけではなくこの地球全体に重大な影響をもたらし、それまでの世界秩序、その政治的・経済的・文化的構造を根本的に変える未曾有の大波乱を巻き起こしたのである。

五　ローマ教会内の戦闘的革新グループ

このような大転換期のさなかに、ヨーロッパで結成された小さな運動からこの物語は始まる。そのグループは、最初は七名の小集団として一五三四年に結成された。その頃の西ヨーロッパのキリスト教世界は、ルターとカルヴァンの両指導者を中心に、プロテスタントの改革の波が頂点に達する大激動期であった。

しかし、イグナティウス・デ・ロヨラとフランシスコ・ザビエルは、ローマ・カトリックの強固な地盤だったバスク地方に生まれ育ったので、プロテスタンティズムの新しい波を受けなかった。

パリ大学に留学していた際にはプロテスタントの教義を読む機会もあっただろうが、カトリシズムの内部に留まりながら、中世教会の古い外皮を脱ぎ捨てて、独自の行動綱領を掲げる異色の革新派として出発する決意をしたのであった。

そして、民族や国家という枠組を越えて、「キリストの説いた〈神の国〉を、この新時代にあってどのようにして創造していくか」、「この激動の大転換期を、人間としていかに生きるか」という新しい宗教理念のもとに、「イエズス会」を結成したのであった。

七人の若い人たちによって創始されたその運動は、確かに宗教という外皮を身にまとってはいたが、中世のローマ教会が築き上げてきた既成の秩序、それを基盤とする世界認識と人間観を突き破り、多くの人びとの心を激しく打つ思想的衝撃力を内に秘めていた。

あとで詳しくみるように、布教活動と社会奉仕活動が一体となった新しい宣教方針を実践した。つまり、福音書に語られているイエスの生きざまを現世で再現することによって、腐敗堕落していたキリスト教精神の再生を図ろうとしたのであった。イエズス会のそのような理念と行動は、最初の間は〈異端〉視されて、すぐにはローマ教会の承認は得られなかった。

彼らは、キリストの福音を伝えるためには、いかなる苦難も恐れず、たとえ「地の果て」であろうとも異郷の任地へ赴任することを誓い合った。そして、第一にこの世の〈富〉よりも〈清貧〉であることを選び、第二に俗界における〈名誉〉よりも〈侮蔑〉されることを甘受し、第三に〈傲慢〉ではなくて〈謙虚〉であること——この三つをモットーとしたのであった。

そのような未知の異郷へもキリストの福音を伝えようという使命感には、明らかに大航海時代が切り開いた新時代の息吹が感じられた。その運営方法でも、中世修道会（Ordo）のあり方を根本的に改革した組織でもって、その同志的結合を図った。悩み苦しんでいるすべての人びとを救済するための行動組織として「Societas」を名乗ったのである。

このようにして「イエズス会」（Societas Iesu）が誕生したのであるが、彼らは新しく開拓された新航路の船に乗って、次々に未知の新天地へと旅立っていった。そして、あとで詳しく見るように、東西文化の接触の立役者として世界史上でも特筆されるべき役割を演じたのである。その意味ではこの集団は、まさに《宗教改革》と《大航海時代》の申し子だったと言えるだろう。

そして何よりも重要なところは、西洋人と東洋人がはじめて同一の組織に参加し、共通の理念のもとに万人にひらかれた〈神の国〉を目指して必死の努力をしたことであろう。そのようなイエズス会の活動は、たんに教義を伝道する宗教運動の枠内にとどまるものではなかった。

彼らはまず現地住民の言葉を習得し、そこに伝わった民俗文化を理解し、歌唱や演劇などによる布教を考案し、恵まれぬ子供たちを集めて学校を開き、戦災・飢餓・疫病で苦しんでいる下層民衆の救済に努力した。すなわち、民衆教育や窮民救済や施療活動など、苦難に充ちた現世を乗り切るための社会運動としての性格を色濃く帯びていて、生命を懸けて必死に活動したのであった。

六　「片手に武器を、もう一方の手に聖書を」

そのようなザビエルの実像が私に見えてきたのは、あとで詳しく述べるように、一九八〇年代に入ってインドとインドネシアをしばしば訪れて、キリスト教布教の足跡をたどりながら東西交流史を改めて調べ直してからである。

それまでは次のような大ざっぱな認識のもとで、ポルトガルやスペインの海外進出をとらえていた。そして、ザビエルを中心としたイエズス会の東洋進出もそのような大きな波の一環にすぎないと考えていた。

すなわち、大航海時代の新航路開拓は、十七世紀に入ってから本格化してくる植民地獲得のための前哨戦に外ならない。表向きは「未知の国」を発見するための大探検航海とされているが、裏側から見れば、一攫千金の利益を得るために巨額の資金をつぎ込んで敢行された投資事業に外ならなかった。そして王室にひそかに融資していたのは、インドからアフリカまで交易の手を拡げて巨利を得ていたイスラム系商人と、ジェノバやベネチアを中心にイスラム系商人と激しく競争していた地中海のイタリア系商人たちであった。

本国から国王の命を受けて海外に進出したキリスト教の宣教師たちの中には、艦隊や軍隊付きの従軍司祭としてやってきた者も少なくなかった。彼らはまさしく植民地経営の思想的な尖兵であり、鎮撫工作班であった。……そのように考えていたのである。

その当時は、ヨーロッパの各地で《宗教改革》の大きなうねりが巻き起こっていた。その波を受けて、それまで一元的支配を誇ってきたローマ教会の権威は大きく揺らいでいた。そのような状況の中での、強力なカトリック王国であったポルトガルとスペインの海外進出の企ては、ローマ教会にとっても布教の新次元を切り開く起死回生の新手であった。

両国の海外進出に対して、ローマ教皇は全面的な支援を約束した。布教保護権だけではなく、植民地支配のもとでの貿易独占という世俗的権限も容認していたのであった。

かくして、両国の海外進出をカトリック教会の世界進出の先駆けとして位置づけ、その海外進出を援助するために数多くの教皇文書を発給したのであった。そして両国の海外領土の境界を定めるために、ローマ教皇庁の実質的な裁可のもとで、一四七九年にまずアルカソバス条約が結ばれ、最終的には一四九四年の「トルデシリャス条約」によって、大西洋上のヴェルデ岬諸島の西方三七〇レグワの経線を境界線として、東をポルトガル領、西をスペイン領と定めた。

ローマ教皇庁は、新しく到達した土地への布教を積極的に奨励した。そしてその新領土での布教保護権のあり方を細かく規定していた。その問題についてはあとで詳しく述べるが、何よりも注目されるのは、武力で獲得した新領土の住民を、キリスト教徒ではないという理由で奴隷とし、その売買で巨利を得ていた商人たちの活動を事実上黙認していたことであろう。表向きでは人間を商品として扱う奴隷売買は禁じていたが、首狩りをやる食人人種は例外とみなされていた。このことだけを取り上げてみても、まさに政教一体としての侵略行為に外ならないと、私は考えていたのであった。

もちろん、植民地における迫害・殺戮と奴隷狩りを告発して、『インディアス破戒を弾劾する簡略なる陳述』を書いたラス・カサス（一四七四？〜一五六六）のようなドミニカ司祭がいたことは、知っていた。彼は従軍司祭として征服戦争に参加し、キューバ島で「国王より信託された所領」（エンコミンダ）を受領して、布教よりも世俗的利益の追求に専念していた。だが、やがてスペインの侵攻が町や村の「極悪非道な破壊」であって、先住民族の「文化の抹消」にほかならないことに気付いて、その後半生をインディオの人権を守るための著述と闘争に捧げた。だが、ラス・カサスのような聖職者は例外にすぎないと私は考えていた。

私のそのような認識が根本的に間違っていたわけではない。「片手に武器を、もう一方の手に聖書を」という言葉で示されるように、国王の意を体してアフリカと南アメリカに入り、富の略奪の手先となって、先住民族の実質的な奴隷化を容認していた宣教師たちの布教の実態を見るとそう断じる外はない。

しかし、そのような大鉈《おおなた》で一刀両断にしてしまって、「侵略の尖兵論」一色で塗りつぶしてしまうことができないことも、もちろん承知していた。なぜならば、自分の生命を犠牲にして国王と教会の権威に反抗して、すべての人間に平等の慈愛と自由をというキリスト本来の教えを守って、先住民族の奴隷化に反対した宣教師もいたからである。

そのように布教の歴史をもう一度見直さねばならないと考えるようになったのは、初期のイエズス会の東洋布教の実態を詳しく知るようになってからである。すなわち、（一）インドのカースト制度で卑賤視されていた不可触民、（二）インドネシアの辺境の島々における先住民族、（三）日本において賤視されていた下層の民衆――これらの人びとに対する布教活動の実態を実地に知るようになって、私のこれまでの考え方が通説にとらわれすぎていることに気付いたのであった。

第二章

ザビエルを日本へと導いた出会い

一　運命を変えた出会い

そのほとんどは偶然によるのだが、人間の一生は、いつ、どこで、だれと出会ったかによって大きく違ってくる。一期一会、その人生でたった一度の出会いであっても、決定的な転機となる場合もある。大きい出会いは、その人が歩んだ生涯の軌道の転轍手みたいなものだ。その出会いによって、それからの歩く道も行き先も違ってくる。これから登場する人物は、いずれも「ザビエルとの出会い」によって、それからの人生の進路が大きく変わっていった人たちであった。

ところで、歌舞伎や人形浄瑠璃の大仕掛けのドラマでは、物語の中で見え隠れしながら、表立たずに裏方に回って物語の進行に関わる登場人物が必ずいる。いわゆる「狂言回し」である。あまり目立たない存在なのだが、その役割を演じる人物がいなければ、物語はうまい具合に進まないのだ。さしずめこの歴史ドラマの第一幕では、アンジローがその役柄に当たる。

アンジローは生没年ともに不詳であるが、薩摩生まれの海民出身の商人ではないかと推測されている。あとで詳しくみるように、彼は一五四七年十二月にマラッカでザビエルに会うことができた。このアンジローとの運命的な出会いがなかったなら、ザビエルの来日は実現していなかっただろう。

それから約一年半後の一五四九年八月十五日、アンジローの先導で、ザビエルは待望久しかった日本に着いた。インドのゴアを出帆してから、マラッカ経由でちょうど四カ月にわたる苦難の渡海だった。マラッカでは日本行きを請け負ってくれる船を見つけることができなかったので、「海賊」と呼ばれる中国人の船長が操縦するジャンクに乗ってやってきたのだ。

ゴアからザビエルに同行したのは、コスメ・デ・トルレス司祭（一五一〇〜一五七〇）とファン・フェルナンデス修道士（一五二五〜六七）、案内役のアンジローを含めて三人の日本人、そして中国人マヌエルとインドのマラバール海岸生まれのアマドル——合計八人だった。

歴史の表舞台では全く問題にされていないが、彼らはいずれも偶然の縁によってザビエルと出会うことができた人たちである。アンジローはマラッカで、トルレスはアンボンで、フェルナンデスはゴアで、それぞれザビエルと初めて出会った。やがて彼らが一つのクルーを編成して、日本にやってくることになるのだが、クルーが編成されたのはインドのゴアであった。

ザビエルの一行は、一五四九年（天文十八）年八月十五日に鹿児島に上陸して、マルコ・ポーロの「黄金の国・ジパング」への第一歩を印した。

それぞれの出会いがあったわけだが、やはりザビエルと先導役を務めたアンジローとの出会いが、ザビエル訪日の決定的な引き金になった。私は残されている僅かな史料を頼りにアンジローの足跡を調べてみた。

二　アンジローと国際貿易

外国の史料では**Angero**とあるが、**Yajiro**が正しいとの説もある。彼は一五一二年頃の生まれとされているが確かなことは分からない。ゴアで一行が出発する間際に初めてアンジローと出会ったルイス・フロイスは、その当時で三十代半ばだったと語っている。

アンジローは、その出自も職業も明らかではない。だが、その当時薩摩の山川港に出入りしていたポルトガル船の船長と顔見知りで、いくらかポルトガル語をしゃべれたとされていたから、海外貿易をやっていた商人だったのだろう。日本脱出の際には従者をひとり連れていたから、かなり裕福な海商だったようだが、あとでみるように倭寇《わこう》に関係していた可能性も強い。ただし従者ではなくて弟だったという説もある。

ポルトガル船長とも顔見知りでいくらかポルトガル語をしゃべることができたとなると、その背景として浮かび上がってくるのは、当時の東南アジア→中国→琉球→九州を結ぶ密輸を中心とした交易ルートである。おそらくアンジローは、そのルートで活躍していた海商の一人だったに違いない。

ポルトガルがマラッカまで進出したのは一五一一年だった。当時のマラッカは、西はインド、東はマルク諸島、北は中国沿岸部を結ぶアジア交易の中心地で、東西両洋を結ぶ海の十字路であった。

ポルトガルが占拠するまでは、マラッカは東南アジアとの密貿易で巨利を得ていた中国人海商の根拠地だった。したがって多くの中国船が出入りし、スマトラ島やジャワ島など東南アジア島嶼部からの船も出入りして、当時東南アジア第一の貿易港として賑わっていた。

商魂たくましいポルトガル船は、マラッカを基地にすると、直ちに中国商人との交易を求めて大陸沿岸部への北上を開始した。当時の明帝国は厳重な「海禁政策」をとっていたから、公式の貿易は望めなかった。しかし、長大な海岸線と無数の島々があったので、かなり大胆に密貿易をやることができた。ポルトガル商船は、マルク諸島をはじめインドネシアの諸島からマラッカへ運んだ香料などを中国船と交易し、その見返りに購入した生糸・絹織物をインド経由で本国へ送っていた。

そして一五二〇年頃には、広東からさらに北上して、寧波にもポルトガル船が現れるようになった。当時の寧波は、日本からやってくる勘合貿易船の入港地であった。

日本の朝貢形式による対明勘合貿易は、室町幕府の衰退によって、その頃は細川・大内両氏に握られていた。細川氏の背後には堺商人があり、大内氏は博多商人と結んでいたのである。一五二三年に寧波で細川・大内両氏の派遣した使節の衝突があって、それ以後は勘合貿易は大内氏が独占していた。

しかし、大内義隆が一五四七（天文十六）年に送った博多からの船団を最後に、日明勘合貿易は幕を閉じた。最も大規模だったのは一四五一年に出発した船団で、九隻に千二百人が乗船していたと言われている。大内氏の城下町山口が中国の京と呼ばれるような賑わいを見せたのは、この貿易によって得た莫大な富によるものであった。ザビエルが最初の本格的な布教地として山口を選んだのも、そのような情報を中国の事情に通じたポルトガル商人から聞いていたのだろう。

三　日本史上稀な自由貿易

一三七一年に明の太祖は、「倭寇」対策の一つとして「海禁政策」を実施した。しかし、国内産業の発展によって密貿易による交易が増えてきたので、海禁政策は時代とともに緩和されていった。

だが、室町幕府との勘合貿易が終わる一四五〇年頃から、中国の密輸商人と組んだ「倭寇」の勢いは再び盛んになり、大陸沿岸部が海賊船にしばしば襲撃されるようになった。明国は再び海禁政策を強化したが、それとともに密貿易はますます盛んになった。

その間隙を縫って、ポルトガル商人は中継密貿易に本腰を入れだした。中国人海商と競争しながら、マラッカを本拠地に、マカオを中継基地として、ポルトガル船は中国大陸沿岸部の各港に出入りするようになった。船長はポルトガル人だったが、中国人・朝鮮人・日本人・フィリピン人などが乗り込んでいた多国籍混成船団だったと推定されている。そして、ポルトガルの海商は、倭寇とも情報交換などで連携を保っていたと思われる。

中国の海商で、のちに倭寇の頭目となったのは王直（?～一五五九）であった。その船団が、舟山列島を前進基地として、日本・安南・フィリピン・タイ・マラッカまで密貿易の手を広げていたのもこの頃だった。一五四八年に海禁政策が強化されて、本拠地だった浙江省の双《そう》嶼《しょ》港が壊滅させられると、王直は平戸の領主松浦氏を頼って九州に渡った。その庇護のもとに五島列島と平戸を根拠地にして遠く南海まで海賊船団を派遣していたが、一五五七年に明の官憲の謀略によって捕らわれて二年後に処刑された。

鉄砲伝来でよく知られているポルトガル人の種子島漂着は、内外の史料ではいくらか食い違っているのではっきりした年月は確定できないが、一五四二年か四三年だった。その間の事情は、一六〇七（慶長十二）年に南浦玄昌という禅僧が種子島久時の命を受けて執筆した『鉄砲記』に詳しい。だが、六十年前の出来事を正確に伝えているかどうか疑問なしとしない。

漂着した大船の乗客は百余人で、乗組員はみな異様な服装をしていて言葉も通じなかったと述べられている。大半は中国人だったようだが、その中に二人のポルトガル人がいたのだった。この船がポルトガル船だったのか中国のジャンクだったのかはっきりしないが、ポルトガル人の数が少ないので、中国海商の船だったと思われる。この漂着事件の直後からポルトガル船が坊津・山川・平戸・府内などに来航するようになるのだが、いつどこに何隻入港したのか、信頼できる詳しい記録は残されていない。

なにしろ国政を司る幕府の権威は地に堕ちて都は荒廃し、各地の戦国大名が領地争いを繰り返していた群雄割拠の時代であった。したがって、遠く南海から前触れもなしにやってくる「南蛮船」を取締まることもできなかった。

九州の各藩は、これらの南蛮船の来航を歓迎した。それまで明や朝鮮や琉球との貿易で多くの利益を得ていた領主たちは、南蛮人に武力侵略の意図が全くないことを見てとると、珍しい物品を積み込んでやってくるポルトガル船との交易を期待して彼らを厚遇した。鉄砲や火薬などの新しい武器が手に入ることが何よりも魅力だった。

かくして、五十年に充たぬ短期間であったが、日本歴史上でもきわめて稀な「自由貿易」の時代が出現したのである。国家が外国貿易に介入せず、出入国船の管理、交易品の制限や統制も行われず、関税の賦課も行われなかったのである。すなわち、中央権力が貿易についての管理を一切行わない、日本の交易史上でもまことに稀な自由貿易の一時期が到来したのであった。

そのような一瞬のエア・ポケット状況があったればこそ、倭寇がさかんに密貿易を行い、外国の海商も自由に出入りできたのであった。そして、今日のように出入国管理法に問われることなくやすやすとアンジローは国外脱出し、また西洋人を伴って帰国できたのであった。アンジローの道案内でやってきたザビエルの来日もまた、中央権力の不在という日本の歴史上でも稀な空白期であったことが幸いした。その点では、西洋諸国だけではなく、この日本もまた歴史的な大転換期に直面していたのである。

四　アンジローとJ・アルヴァレス船長

アンジローは、その頃地元の鹿児島で殺害事件を起こして役人に追われていたのだが、詳しい事情は分からない。たまたま薩摩の山川港に寄港していたポルトガル船の船長の厚情によって、国外脱出に成功して東南アジアへ出帆した。当時の山川港は、南九州きっての天然の良港で、当時は唐船や南蛮船の来港で栄えていた。山川港を出帆した日時については分からないが、マラッカでザビエルと出会った日時から逆算して一五四六年の秋だったと推定される。

しかし、ここでも偶然が大きく彼の運命を左右した。追っ手を逃れて寺に潜んでいた時に、かねて面識のあったアルヴァロ・ヴァス船長の船が入港してきた。事情を聞いた船長は、自分の船はまだここに停泊するので、間もなく出帆するドン・フェルナンドの船でいち早く国外逃亡するようにすすめ、親切に紹介状を書いてくれた。

夜陰にまぎれてフェルナンド船長の船に乗り込むべく港へ走ったが、暗夜のことなので船を間違えて、隣に停泊していたジョルジュ・アルヴァレス船長の船に乗り込んでしまった。しかし、アルヴァレスは話を聞いて快く乗船を許してくれた。

アンジローはほっと一息ついたが、さらに幸運が待ち構えていた。アルヴァレス船長は、マラッカを拠点にして中国大陸や日本との間を往来して交易に従事していた海商だった。彼の生歿年は不詳だが、冒険心と洞察力の豊かな海商だったようで、すでにマラッカでザビエルと知り合っていたのである。のちにザビエルに請われて「日本報告」を執筆したことはよく知られているが、アンジローとともにキリスト教日本開教の陰の立役者となった人物である。

自分の罪過をどのようにしてあがなえばよいか悩んでいたアンジローは、アルヴァレス船長にすべてを打ち明けて相談した。船長は、イエズス会の東洋布教のリーダーであるザビエルに会って一切を告白することをすすめた。ザビエルは悩める者の魂を救済してくれる立派な宗教家だと教えられたのだろう。そのいきさつについては、インドのゴアからアンジローがイエズス会総長のイグナティウス・デ・ロヨラにあてて、ポルトガル語で書いた一五四八年十一月二十九日付の手紙に書かれている。

それで贖罪の教えを乞うべくマラッカに到着すると早速教会を訪ねたが、ザビエルはマルク諸島に出かけていて不在だった。それでマラッカに滞留しながら教会に出入りしてザビエルが帰ってくるのを待っていたが、それがいつになるのか分からない。マラッカの神父は、正体も分からぬ日本人に対してあまり好意的ではなかった。落胆したアンジローは日本に向かう季節風が吹き始めたので、日本に帰るべく便船を探して出帆したが、中国大陸をやっと通り過ぎたところで、猛烈な暴風雨に会って再びマラッカに引き返してきた。

そこでインドネシアから帰ったばかりのザビエルにやっと会うことができた。ザビエルは日本人との初めての出会いを喜んで、アンジローを暖かく抱擁した。その場所は丘の上の聖母教会で、ザビエルは結婚式の司会をしているところだった。その教会は今は見る影もなく荒れ果てているが、建物の輪郭は残っている。

五　キリスト教を初めて学んだ日本人

たどたどしい片言だったようだが、なんとかポルトガル語ができたアンジローと話し合って、ザビエルはその真面目な人柄と才知に惹かれた。東洋への布教を成功させるためには、なんとしても東洋人の中からすぐれた信徒を育成せねばならないと考えていたザビエルは、彼をゴアに連れて帰って聖パウロ学院で学ばせようと考えた。

アンジローは喜んでゴア行きを承知した。彼の従者の外に、やはりポルトガル船でマラッカにやってきていたもうひとりの日本人も同道することになった。三人の日本人はゴアに着くと学院に入って熱心に勉強した。ゴアに在住していたイエズス会士たちは、初めて見る日本人を喜んで受け入れ、アンジローたちに親切に手ほどきしてくれた。特に熱心に指導してくれたのが、学院の隣にある病院で奉仕していたイタリア人司祭のニコロ・ランチロットと、ポルトガルからゴアに到着したばかりのファン・フェルナンデスだった。

以前から次の布教の地として日本を考えていたザビエルは、アンジローから日本に関する情報を詳しく聞いた。同時にマラッカに滞在していたアルヴァレス船長からも日本事情を聞いて、それを報告書にまとめてもらった。ザビエルは自分の手紙に添えてそれをローマの本部へ送った。このポルトガル語で書かれた報告書が、西洋人の書いた最初の日本見聞記となった。

ザビエルは、苦難の航海を覚悟しながら、トルレス、フェルナンデスらを同道してアンジローを案内役として日本に行くことを決意した。

アンジローはゴアにやってきてから八カ月後にロヨラ宛の書簡を送っているが、ポルトガル語をほぼ完全に読み書きできるようになっていた。ゴアの学院時代のアンジローについては、その当時の関係者の書簡を史料とした海老沢有道の『ヤジロウ考』に詳しい（『増訂切支丹史の研究』所収、一九七一年、新人物往来社）。

一五四八年五月十日、他の二人の日本人と共にゴア司教から聖水を授かり、アンジローは「聖なる信仰のパウロ」（Paulo de Santa-Fe）という洗礼名を与えられた。福音書で知られているように、ユダヤ人だったパウロはキリスト教徒を迫害していたが、ある時突然神の黙示を得て、十字架刑で殺されていったキリストの信仰を受け入れることを決意した。パウロは、復活したキリストを信じて、あらゆる辛苦に耐えながら異教の地でキリストの教えを伝道した。そして六四年のネロ皇帝の迫害の際に、ローマで殉教した。そのパウロの名がアンジローに授けられたのは、このパウロのように日本での布教の先駆者たれという願いがこめられていたのだろう。他の二人の日本人も受洗してジョアンとアントニオを名のっていた。

その頃の学院には、ポルトガル、スペインをはじめインドやアフリカからの留学生が数十名いたが、アンジローの成績は抜群だった。学生たちに新約聖書の巻頭にあるマタイ福音書を講じたのはトルレスだった。

トルレスは一五四九年一月二十五日付の書簡で、アンジローが第一章から終章まで悉く記憶し、さらにイエズス会でもっとも重要な修道の一つであるロヨラの心霊修行、「霊操」をも実行していると報告している。

霊操とは、文字通りに言えば一種の精神鍛練である。「観想」による日常的な世俗を超越した内的直観によって、神の意志を学び取り、イエス・キリストの生きてきた道をイメージすることであった。具体的に言えば、「霊操」は四週間にわたって体系的に実施される。第一週では罪の認知と心の浄化、第二週はキリストの言葉によってその行動の軌跡を学ぶ、第三週はキリストの受難、第四週はキリストの復活――このような段階を経ながら、神と深く交わり、人類救済のために働いたキリストの姿を実際に心に思い浮かべ、それにならって自分の生きていく道を観想の中で探るのである。

もちろん、カトリック教会内でのフランシスコ会、ドミニコ会などの修道会では、神との神秘的合一を目ざすために黙想・祈り・観想などの方法がすでに取り入れられていた。誤解を恐れずに現代的に言えば、神と交わるための神秘的なイメージ・トレーニングによるマインド・コントロールの手法であった。

しかし、ロヨラの説く霊操が旧来の観想と大きく異なる点があった。つまり、神に祈り神を賛美し、一種の霊感の中で神の愛に浸るという静的な観想にとどまるのではなくて、四週にわたってキリストの生涯を辿りながら、「神と人類への奉仕」という実践的な課題を学ぶことを究極の目的としたのであった。

すなわち、キリストは、悩み苦しんでいる人びとの癒しと救いのために働いて、ついにゴルゴダの丘で十字架の刑に処せられた。そのキリストの死と復活を観想の中で追体験しながら、自らの生きざまを反省し、自分の使命を自覚し、その意志力と行動力を高めていくのである。そして最後の週では、復活したキリストが人びとの救いのために自分と共に歩んでいる姿を実想するのである。

ザビエルは一五四九年一月十二日に当時ローマにいた盟友のロヨラ宛の書簡で、アンジローについて次のように述べている（本稿でのザビエルの手紙は、すべて河野純徳訳『聖フランシスコ・ザビエル全書簡』一九八五年、平凡社による）。

「ゴアの聖信学院には、私が帰って来た時に、一五四八年にマラッカから来た若い日本人が三人います。彼らは日本について重要な情報を提供してくれます。また彼らはよい習慣を身につけ、才能豊かで、とくにパウロは優れ、シモン神父を経由してあなたに〔ポルトガル語で〕非常に長い手紙を書きました。パウロは八カ月でポルトガル語を読み、書き、話すことを覚えました。今黙想中で大いに進歩し、信仰のことをたいへんよく受け入れております。日本でたくさんの人びとを信者にしなければならないと、私は主なる神において大きな希望に燃えています。私を助けてくださる主なるイエズス・キリストにおける大きな希望を持って、まず国王のいる〔ミヤコ〕へ行き、次に学問が行われている諸大学へ行く決意です。」

そして、ザビエルは日本への渡航の途中で立ち寄ったマラッカで、一五四九年六月二十日付けのポルトガル国王ジョアン三世宛の書簡で、改めて日本布教への不退転の決意を述べ、さらに先導役を務める三人の日本人同行者について次のように報告している。

「私は日本に滞在したことがある信頼できる多くの人から、日本の島じまは信仰を広めるためにきわめてよく整えられたところであるという、たくさんの情報を入手いたしました。それで私はこの地方へ行くのが神へのより大いなる奉仕になるかどうか、至聖なる御旨を私自身の心のうちに感じさせてくださいますように、またそれを成し遂げる力を私に与えてくださいますように、主なる神に大きな恩恵をお願いすることにしました。神はそれをお喜びになり、私が日本へ行くことは神への奉仕になると私の心のうちに感じる恩恵をお与えになりました。このようにして私はインドを出発して、主なる神が日本へ行って神に奉仕するように、幾度も私に感じさせてくださったことを実行することになりました。

それで、二人のイエズス会員と私とは三人の日本人とともにマラッカの町に到着いたしました。〔三人の日本人は〕きわめて善良な信者で、ゴアの聖信学院で主なるイエズス・キリストの信仰をよく教えられ学んだ後で、洗礼を受けた人たちです。三人とも〔ポルトガル語の〕読み書きを知っていますし、聖務日課の時課を唱え、とくにご受難については深い信仰を持っています。彼らはたいへん〔熱心に〕心を集中して霊操をし、それによって神についての深い知識を得ました。彼らはしばしば告解し、聖体を拝領します。彼らは故郷の人たちを信者にしようという熱望をもって日本へ行きます。」

かくして、日本布教を前々から考えていたザビエルは、アンジローを道案内にトルレスとフェルナンデス、それにジョアンとアントニオも同伴して日本に行くことを決意した。このようにして訪日クルーが選抜されたのである。このアントニオも、ザビエルの日本滞在中は終始世話役としてその苦難の布教の旅に同行した。

私は、彼らの出会いの場となったゴア、そしてザビエルが布教に訪れたマラッカ諸島を実際に訪れてみることにした。

第三章

ゴアを訪れて

一　ザビエルの布教地、ゴア

一九九六年三月二十日午前九時、ボンベイから一時間二十分飛んで、待望のゴアに着陸した。工事中で土ぼこりが舞う飛行場に降り立つと、もう熱帯の太陽がギラギラ輝き、むっとする熱気が立ち籠めていた。なにしろ十六世紀にやってきた西洋人が、「灼熱将軍の支配する土地」と呼んだインド南部の西海岸である。

一九八〇年代に入って、私はインドにおけるヒンドゥー教とキリスト教との宗教政治のレベルにおける対応関係を調べ始めていた。そして数回にわたってインドを訪れてカースト制の実態調査を始めていた。最も南西部にあるケララ州も二回訪れた。

ゴアからトリヴァンドラムに至る南インドの海岸地帯は、ケララ州に代表されるように、インドでもキリスト教徒の多い点ではきわだっている。インドのクリスチャンは全人口一〇億の約二・四%で実数では約千七百万である。しかもそのクリスチャンの約七〇%は、不可触民として差別されてきたアウト・カーストの人びとであった。したがって、クリスチャンが全人口の四〇~五〇%もいるこの地方では、カースト制を根幹とするヒンドゥー教の民衆支配は揺らぎつつあった。

ユダヤ教、キリスト教、イスラム教は、それぞれ唯一の神を信仰する一神教である。この唯一神のもとでは、その神に帰依するすべての信者は人間として同格であって、等しく神の恩寵と救いを受けるとされる。したがって、世俗的な身分の格差によって社会的序列を設けて、信徒に対する神の恩寵に差異をつけることは教義の原理上から認められない。

不可触民として苛酷な差別を受けていた人びとの多くがキリスト教に転宗した理由はいくつかあるが、何よりもキリスト教が原理的に身分差別を容認しなかったからである。もちろん、西洋からやってきた宣教師たちが被差別民の居住区に入ってその教えを広めた結果である。だが、その有様を具体的に物語る史料は、私の研究不足もあってあまり見当たらなかった。

ところがキリシタンへの転宗の過程を詳細に追求した待望の一書がロンドン大学のアジア・アフリカ研究センターの叢書の一冊として公刊された。『南東インドにおけるヒンドゥーとクリスチャン』である（G. A. Oddie, Hindu and Christian in South-east India,1991）。

この書は、十八世紀末から十九世紀にかけてのベンガル湾沿いの一地方における転宗の実態を多くの史料を用いて分析した研究書であるが、クリスチャンの多くが不可触民の出であることが文献資料からも明らかにされていた。そして、差別からの解放のために、貧しい村々で献身的に活動した宣教師や布教者の姿も詳細に描かれている。この書を読んでから、私はインドにおけるキリスト教の布教をもっと重視すべきだったことを思い知らされた。

それから十六世紀まで遡っていろいろ調べていくと、一五四二年にゴアにやってきたフランシスコ・ザビエルの南インドの貧しい漁村における活動がその嚆矢《こうし》であることが分かってきた。以来私は、ザビエルの足跡の追求に打ち込むことになった。

このゴアは、フランシスコ・ザビエルが東洋にその足跡を印した最初の土地だった。

二　インド出発前に山口を訪れる

日本を発つ一週間前まで、私は瀬戸内海にいた。それで急に思い立って、山口まで足を延ばすことにした。山口におけるザビエルの布教の足跡を改めて確かめるためであった。

私の本貫地は、現在の広島県である芸備地方の鞆《とも》で、古代から知られたその港町のすぐそばにある平之浦という漁村が先祖の地である。〈平家の落人〉伝説と〈村上水軍の末裔〉説が残っている土地柄である。その関連で『芸備キリシタン史料』(H・チースリク編著、一九六八年、吉川弘文館)を読み始めた。そこに詳細に記述されているイエズス会の芸備地方での布教に関わる史実を知って大きい衝撃を受けた。

率直に言って一九六〇年代までは、日本のキリシタン史についての私の関心と知識は、いくつかのテキストで読んだ域を出なかった。七〇年代に入って、日本の戦国時代から江戸時代初頭に及ぶ近世身分制の確立と賤民制度の変容の問題が、私の研究の一つの課題となっていた。私の先祖の生まれ故郷ということもあって、特に瀬戸内海の島嶼部の農漁村の社会史的発展と、瀬戸内海域での「漁民」の身分的処遇、そして島嶼部における被差別民の存在に深い関心を抱いていたのである。

あとで詳しく述べることになるが、一五四九年夏に鹿児島に着いたザビエルは、やがて薩摩を出ると平戸へ赴き、周防山口でフェルナンデス修道士としばらく伝道した。一五五一年の初めに船で堺まで行き、ついで京都に赴いた。だが、〈応仁の乱〉後のあいつぐ戦乱のために、彼が期待していたミヤコは荒廃し、天皇も将軍ももはや権威がなく、布教に際して頼るべき人物が京都にはいないことを知った。

大分市遊歩公園のザビエル像。(佐藤忠良・作　大分市ホームページより)

ザビエルの一行は落胆しながら西下して、平戸に帰った。ザビエルは、西国で最も繁栄していた周防山口の大内義隆を再度訪れた。その好意によって、山口で本格的な布教を始めた。ついで豊後（大分県）にポルトガル船が入港したとの知らせを受けてその地を訪れ、大友宗麟（義鎮）に謁してその地での布教を許された。

中国への本格的な布教を前々から計画していたザビエルは、日本に滞在している間に、やはり東アジア文化の中心である中国をなんとしても訪れねばならぬ、日本における布教を成功させるためにも中国の文化と宗教を本格的に研究しなければならないことを痛感していた。たまたま旧知の間柄だったドゥアルテ・ダ・ガマの船が入港してきたので、その便で中国渡航の準備のために一旦ゴアに戻ることにした。あとをトルレスに託して、五一年十一月十五日、豊後沖ノ浜を出帆してゴアに帰った。二年三カ月の滞日であったが、その間のキリシタン入信者は約千名で、そのほとんどが最初の布教地山口と府内（豊後）での入信者だった。

私は、インドへ出発する直前まで瀬戸内海の島嶼部の被差別部落の調査に入っていた。三日目に、村上水軍を率いて「海賊総大将」と呼ばれていた村上武吉の最後の落ち行き先だった周防大島を訪れた。武吉は、豊臣秀吉が天下の覇権を握ってからも、かつての村上水軍の闘将としてその信念を貫いて、その権勢に服することを拒んだ。毛利氏を頼ってこの島に逼塞していた武吉は、僅か四十人ばかりの水軍の生き残りとともにこの島で余生を過ごしていたのだ。

今は訪れる人とてないそのわびしい墓所に参った翌日、足を伸ばして山口を訪れた。当初の予定にはなかったのだが、ゴアへ行く前にやはりザビエルの布教地であった山口を訪れようと日程を変更したのだ。ザビエルと彼の盟友トルレスが住んでいた旧大道寺跡を早速訪れた。大内氏が、この廃寺を布教所とすることを許してくれたのであった。中国筋でも第一といわれていた当時の城下の賑わいからすこし離れた村里の小さな廃寺だったのだが、今では静かな住宅地の一画にあって現在はザビエル記念公園になっている。

サビエル記念聖堂の正面入口には、井戸端で民衆に辻説法するザビエルの像が立っている。三十年前にもこの地を訪れているのだが、今度はその像を見る私の目は違っていた。あちこちでザビエルの像を見たが、この像はきわめて出来の良いもので、熱っぽくキリストの教えによる人間の救いを説いている彼の表情が生き生きと伝わってくる。アジアのどこに赴いても、ザビエルはその現地の言語を懸命に勉強して、その土地の言葉で民衆に語りかけるように努力したことはよく知られている。たどたどしい発音だったようだが、日本語もいくらか喋ることができた。

ザビエルは日本へ出発する直前の一五四九年一月十二日、ローマにいた盟友イグナチオ・デ・ロヨラあてに内容がほぼ同様の三通の手紙を出している。厖大な彼の書簡集の中でも精神の高揚を感じさせ読む者の心を打つ手紙であるが、その中で「日本語のアルファベット」

をわざわざ書き写してロヨラに送っている。そして、これはアンジローに習ったのだと書かれている。

三　廃墟と化したオールド・ゴア

ゴアに到着すると、すぐに「オールド・ゴア」へ出かけた。流行病の蔓延したゴアを見捨てて、一七六〇年頃に市民の多くは新しい町へ移転していった。その新しい町が「新ゴア」と呼ばれたパンジムであった。そのパンジムの町を素通りして、マンドビ河に沿った道を走った。この川筋は、おそらくザビエルやアンジローたちも何回も通った古い道筋なのだろう。所々にポルトガル時代の瀟洒な建物が残っている。いずれもかなり古びていて、崩れかかった家も見かけた。

滔々と流れるマンドビ河を左手に眺めながら車を走らせたが、漁師たちの小さな集落があった。このあたりは古い時代から住み着いた海民が多く、海運だけではなく漁業でも有名であった。

ゴアに到着したザビエルが、その五カ月後にまず布教を開始したのは、海岸部に住む漁師たちの地域だった。「パラバス」（the Paravas）と呼ばれていた彼らの多くは真珠採りの漁師だったが、まわりのイスラム藩王国とアラビア半島からやってくるアラビア商人に徹底的に搾取されていた。そして、ヒンドゥー教から見れば「不殺生戒」を犯している海の民として蔑視され、ヒンドゥー教の戒律を守らぬ「アウト・カースト」、すなわちカースト制度には入ることのできぬ卑賤の民とみなされていたのであった。

ザビエルはまず、パラバスたちが話す現地の言葉を学んで、漁民の間で必死の布教を始めた。彼らの文化や風俗のありのままの実状を直視しながら、その歴史的な由来と生活の現状を理解するように心がけた。その状況は彼のローマあての書簡で詳しく語られている。

ザビエルたちがまず手がけたのは、全く教育を受けていない漁村の貧しい子どもたちに話しかけていって、小さな学校をつくることだった。それから病で倒れている人たちの救済も懸命に行った。激しいモンスーン地帯での酷暑と豪雨に苦しめられながら、まさにキリストの愛と神の救いの教えを実践したのであった。彼らにキリスト教の福音を直接説くことは、結果としてはその次の課題であった。

ザビエルの書簡で読んだそのような史実を思い浮かべながら、小船で網を操っている漁民たちが散見されるマンドビ河の河畔を上流に向かって約二十分走った。雨が降らぬ乾季の終末期だというのに、まだマンドビ河は水量豊かでゆったりと流れていた。

やがて前方に太陽の光を浴びてキラキラと輝く教会の尖塔が見え始めた。オールド・ゴアの教会群だ。今ではほとんど廃墟に近い町となっているオールド・ゴアには一七八三年に再建された聖ザビエルの壮麗な寝棺を安置するボン・ジェズ（Bom Jesus）教会、ゴア最大の教会である大司教座聖堂（Se Cathedral）、ザビエルの日本への案内者となったアンジローたち三人の日本人が学んだ聖パウロ学院（St. Paul's college）のアーチなど、数多くの教会・修道院の遺跡が現存している。

四　ザビエルの遺体に対面して

オールド・ゴアの中心部にある古い教会は、濃い緑の大木が点在する芝生の中にあって、まわりの美しい景観が大事に保存されている。その多くは十六世紀からの建造物で、まるで遺跡公園のようだ。

東洋最大といわれる大司教座聖堂は白亜のゴシック教会で、バロック様式の祭壇は十六世紀の中頃に着工され、完成まで百年かかったという。すぐ裏側にある小さな博物館にはポルトガル時代に「インド副王」と呼ばれていた歴代総督の肖像が展示されている。この大教会は、全盛時のポルトガルの宗教的権勢の象徴だったのだろう。

白亜の大聖堂から二〇〇メートルほど離れた所に、それと対照的にくすんだ焦茶色のボン・ジェズ教会がある。大司教座教会よりかなり小さいが、ザビエルのミイラ化した遺体が安置されているので有名だ。

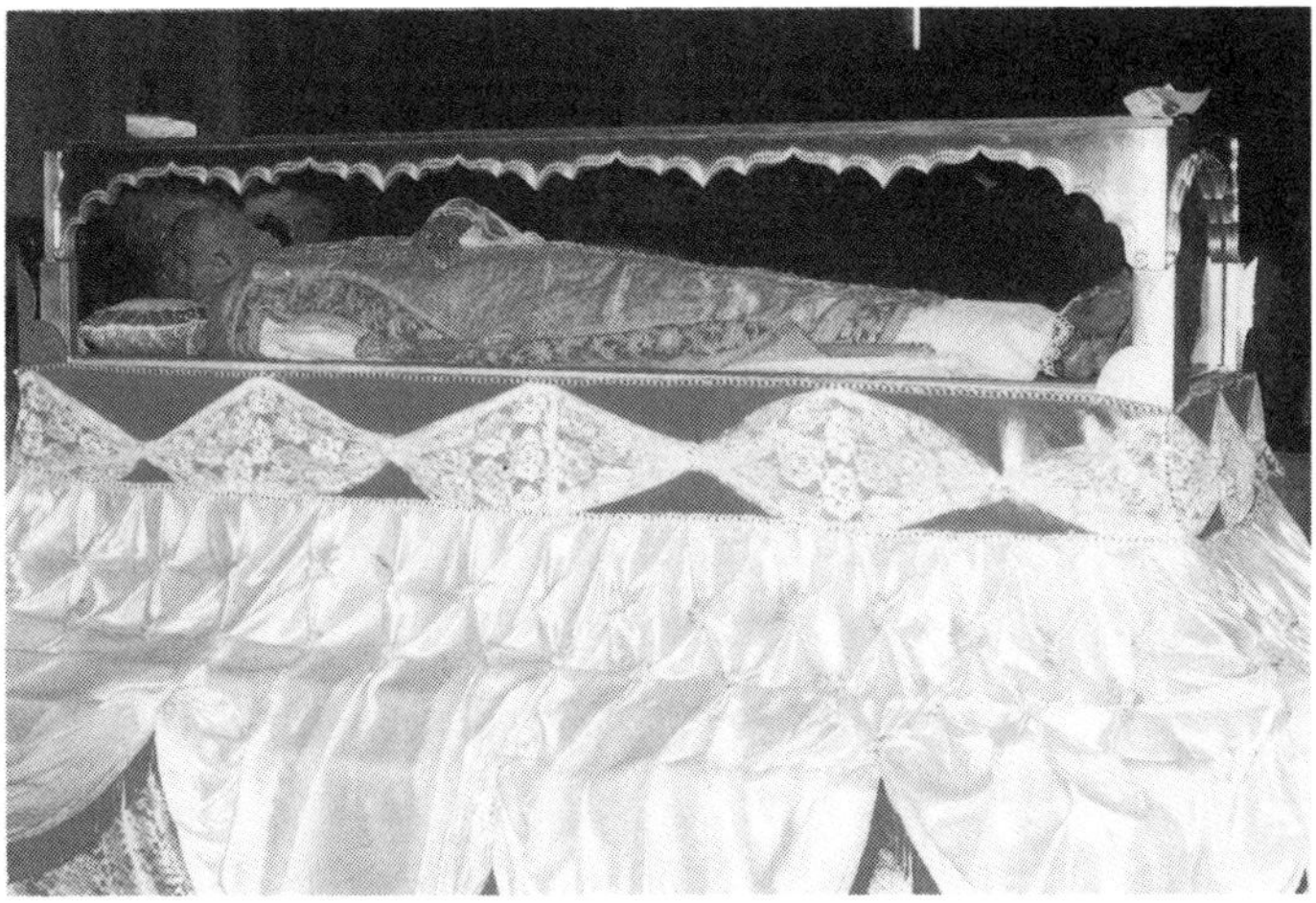

安置されているザビエルの聖なる遺体

中国を目指しながら広東の沖合の小島で亡くなったザビエルの遺骸はその地に埋められたが、二カ月後に掘り起こされてマラッカに移され、さらに死後一年三カ月ぶりにこのゴアに運ばれてきた。遺体が収められた銀棺には華麗な彫刻が施されていて、美しく飾られた壇上に安置されている。参詣者は五メートルの距離まで近づいて、ガラス越しにその遺骸を拝することができる。

当時の医学の水準を考えると、熱帯の地方で死体が腐蝕しないでそのままミイラ化することは考えられないことであって、一時は偽物ではないかという憶説も流れた。世紀が変わるたびに医者によって検査されているそうだが、ミイラ化した遺体の状況には変化はないと現地で得た資料に書かれている。キリスト教派の中でも特にローマ教会は、人知で計り知れない神の霊的な力の徴しとして、俗界の常識を超越した神秘的な現象、すなわち「奇蹟」を肯定している。聖書にもさまざまな奇蹟が記されていることは周知の通りである。

永遠に腐敗せず摩耗しないその遺体は、聖人ザビエルをめぐるさまざまの奇蹟の一つとされている。威厳に充ちた壮大な儀式を宗教的聖性の証しとするカトリック特有のパフォーマンスと言ってしまえばそれまでだが、やはり間近かで四百四十四年を経過したその遺体と対面すると、ありし日のザビエルの姿が想い起こされて、感慨もひとしお深いものがあった。

三〇メートルを越える四層の高い塔で有名だった聖アウグスティン修道院を訪れる。この修道院はオールド・ゴアを一望に収められる高台の上にある。周囲には、淡い黄色や薄茶色の三百年前の古い建物が緑深い樹林の中にそのまま残っていて、一幅の絵を見るようだ。この修道院の塔の正面の外壁はほとんど崩れ落ちているが、上層部など建物の輪郭はまだ往時のままの姿を留めている。

この修道院で、厳格な戒律のもとにキリストの教えを学びながら修道士が養成されたのである。学術研究所と図書館の機能も兼ね備え、さまざまの福祉活動の拠点でもあった。しっかりした煉瓦造りの建物で、部屋ごとのブロックもまだそのまま残っている。

オールド・ゴアには、ボン・ジェズ教会の近くに十軒ばかりの土産物屋や小さな食堂が集

『東方案内記』より、ゴア中央通りの市場風景

まったブロックがあるだけで、人家は見あたらない。町の中心に位置していて最盛期のゴアの繁栄を代表した総督府や宗教裁判所も、かなり広い敷地はそのままであるが、それらの建物は残っていない。

当時アジア最大だったこの植民都市で、アンジローら日本の三人の若者が勉学に励んだのだが、彼らはどんな思いでこのゴアで生活していたのだろうか。ゴアの中心にあった広場の賑わいを描いたリンスホーテンの『東方案内記』の挿絵では、周りにはびっしりと二階建ての立派な建物が並び、着飾ったポルトガル人が談笑しながら市場を滑歩している。この市場で香料や奴隷が取引されたのだが、午前中だけ開かれた。

リンスホーテンは、ポルトガル人と彼らと現地の女性との間に生まれたメスティソ（混血）はキリスト教徒だが、彼らは立派な屋敷に住んで五〜二十人ほどの男女の奴隷を所有して贅沢三昧の暮らしをしていると書いている。当時のゴアで実際に労働に従事していたのは、人口のかなりの部分を占めていた奴隷たちであった。

J・H・リンスホーテン（一五六三〜一六一一）はオランダで生まれたが、若い時代からスペインとポルトガルで働き、一五八三年から五年間ゴアに滞在して、ポルトガルが派遣したゴア大司教のもとで書記として働いた。このインド滞在中に彼が知り得た厖大な情報と資料をもとに、一五九六年に『ポルトガル東方旅行記』『東方案内記』を出版した（『東方案内記』大航海時代叢書第一期第八巻、一九六八年、岩波書店）。

あとで詳しくみるように、十六世紀後半のインドを中心とした東洋に関する記録としてはまことに貴重な報告書である。特に実際にゴアに滞在していたので、そこに記されているゴアに関連する記事はきわめて信憑性が高いとされている。天正遣欧使節の日本の四少年がゴアに寄港した際の見聞記も報告されている。彼ら使節団は、このゴアの賑わいをどのような思いで見ていたのだろうか。

第四章

ザビエルが訪れた香料列島

一　マルク諸島の自然と地誌

ザビエルの書簡によれば、彼は一五四六年から四七年にかけて、マルク諸島のアンボン島、テルナテ島、ハルマヘラ島とモロタイの島々を訪れた。

このマルク諸島は、今日でも未踏査の地域が多く交通も不便だ。日本からテルナテ島やハルマヘラ島までは三日がかりである。その歴史も地誌も不明のところが多い。ザビエルが訪れた先住民の地とは、どのような村々だったのだろうか。

とりあえず参考資料になるのは、一五九八年にオランダが派遣したファン・ネック船団の航海記録である。バンダ諸島、アンボン島、テルナテ島における交易の状況と現地住民の生活が描かれていて興味深いが、航海誌なので表面的な観察にとどまっている。ずっとあとの著作であるが、Ａ・Ｒ・ウォーレスの『マレー諸島』（一八六九年）は、博物誌・民族誌を中心とした当時のマルク諸島についての貴重な記録である。私は地図と首っ引きで読み進めて、それを座右の書としてマルク諸島を訪れた。

香料列島の名は、早くからこの地に入ったイスラム商人によって世界的に知られるようになった。十六世紀初めにこの諸島を訪れた西洋人は「モルッカ」（Moluccas）と呼んでいたが、現地名はもともと「マルク」（Maluku）だった。それで最近の世界地誌では、マルク諸島が一般的な呼称になった。

中部太平洋の北緯二度から南緯六度まで、東経一二四度から一三五度、その八万三千平方キロメートルに及ぶ広大な海域に、大小一万余の島々が散在し、丁度その真中あたりに赤道が走っている。マルク諸島はヒマラヤ造山帯と環太平洋造山帯の交差点にあたるので、今でも地盤変動が激しく、火山が多い。

ハルマヘラ島やセラム島などの大きい島には、二、三千メートル級の高山が連なっている。テルナテ島・ティドーレ島、それにバンダ群島などの比較的小さな火山島は、いずれも円錐形で美しい火山が島の中心に聳《そび》えていて、裾野が真直ぐに海に入っている。つまり、小型の富士山が海中に聳えていると思えばよい。

しかし、大小いずれの島々も平野に乏しく、サンゴの岩だらけの土地と火山岩の荒野が多いので、農作物の耕作には適していない。ハルマヘラ、セラムなどの巨島も、ほとんどジャングルであまり開墾されておらず、道路も未発達である。今日でも観光客はまず見あたらず、特にハルマヘラ島は交通不便で、テルナテから十数人乗りの小さな飛行機が飛んでいるだけだ。

マルク諸島の食文化は、サゴヤシとキャッサバ（タピオカ）が主食であった。現在ではコメや小麦に取って替わられているが、いずれも船で運ばれてくる。小さな漁村はどの島々に

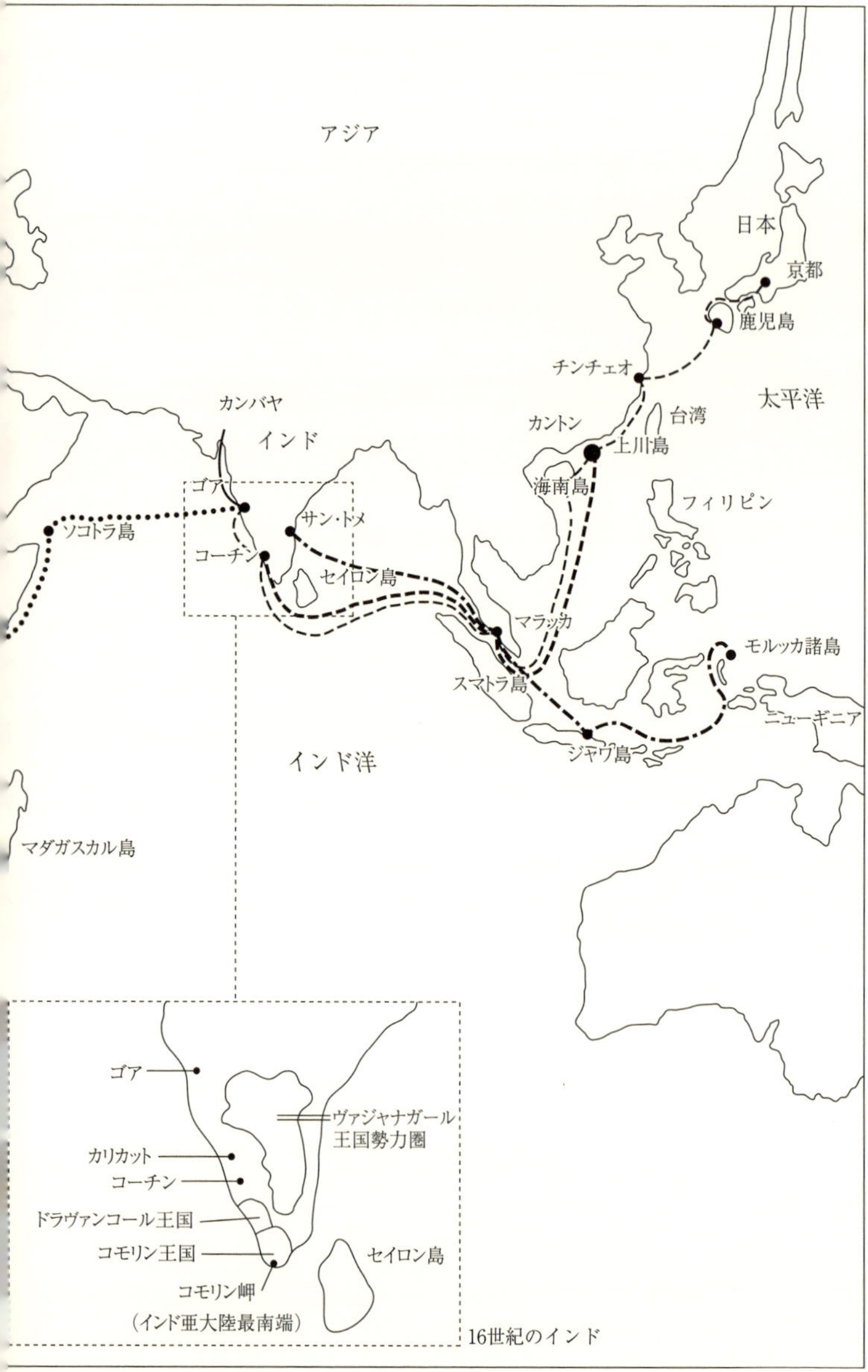
アジア
日本
京都
鹿児島
チンチェオ
太平洋
台湾
カントン
上川島
カンバヤ
インド
ゴア
海南島
フィリピン
サン・トメ
ソコトラ島
コーチン
セイロン島
マラッカ
モルッカ諸島
スマトラ島
ニューギニア
ジャワ島
インド洋
マダガスカル島
ゴア
ヴァジャナガール
王国勢力圏
カリカット
コーチン
ドラヴァンコール王国
コモリン王国
セイロン島
コモリン岬
（インド亜大陸最南端）
16世紀のインド

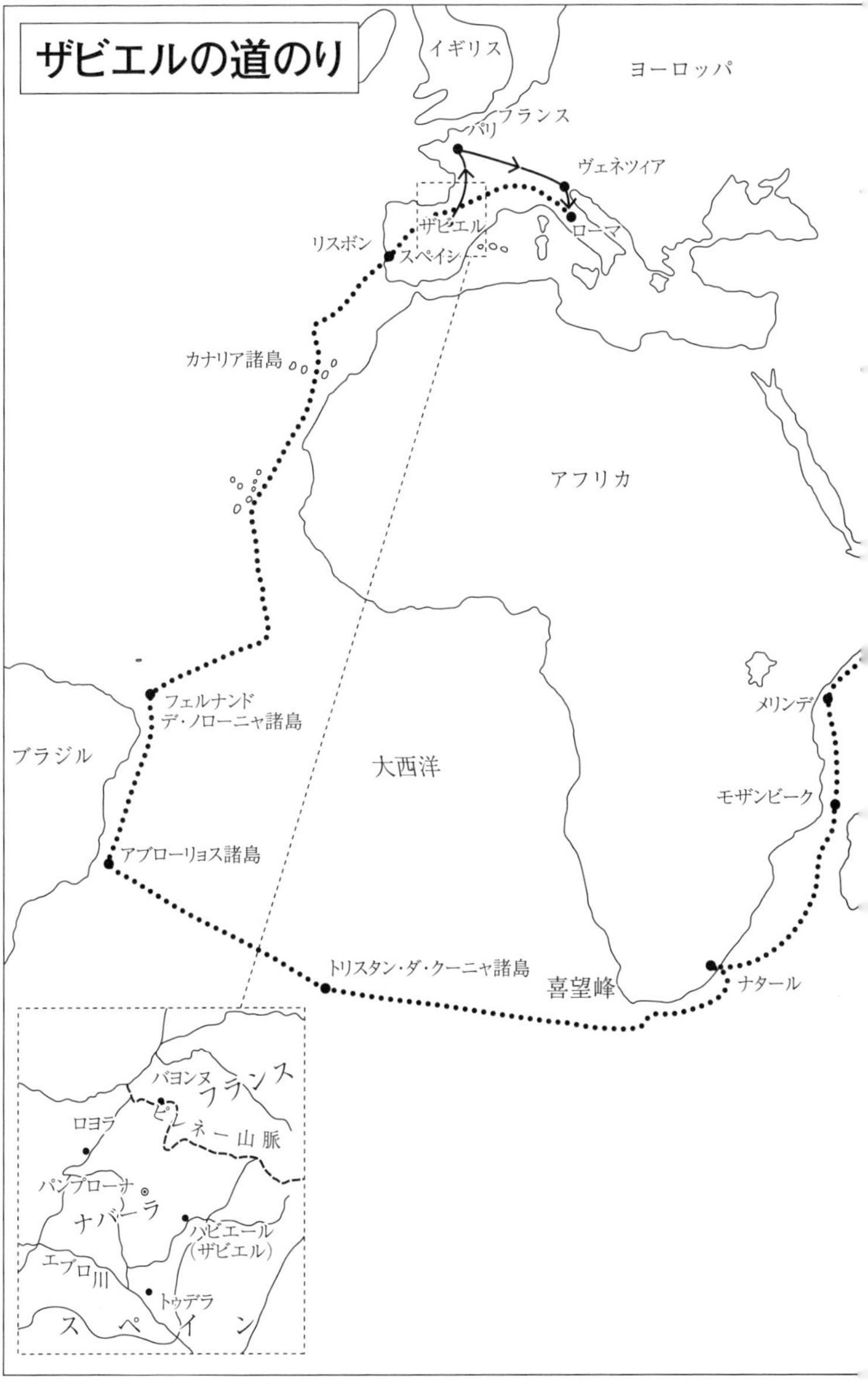

『大ザビエル展』図録より。「1999 ドン・ボスコカレンダー」に基づく

も散在しているが、漁具も漁法もかなり原始的で、一本釣りか小網漁によっている。いずれの島々も限られた産品しかないので自給自足もままならなかった。したがって、島伝いの小さなアウト・リガーによる物々交換による交易が、古い時代から盛んであった。

マルク諸島海域の現在の人口は約百五十万人で、行政上はインドネシア共和国のマルク州となっている。そして、その首都は古くから開かれた良港のあるアンボン島のアンボン市である。

北マルク（ハルマヘラ島、テルナテ島、ティドーレ島など）、中央マルク（セラム島、アンボン島、リース群島、ブル島、バンダ諸島など）、東マルク（カイ諸島、アルー諸島、タニバル諸島など）の三地域に分けられているが、西洋人が「モルッカ」と呼んだのはおもに北マルク海域の諸島だった。

二　島々に見られる多様な諸民族

マルク諸島には、数千年前にやってきた古マレー系住民が先住民族として住んでいたが、なにしろ平地がほとんどなく酷暑瘴癘《しょうれい》の島々なので、農耕も小さな焼畑に頼る程度で剰余生産もままならず、その数は少なかったと思われる。

やがてニューギニアの島々から、交易を求めてパプア系の住民が来航した。スラウェシ島のブギス族やマカッサル族は勇猛な海の民としてその名が早くから知られていたが、彼らもこの海域までやってきた。その一部は「海賊」として恐れられていたが、島々の農漁村を襲って奴隷狩りをやっていた。その頃は奴隷も重要な交易商品であった。

マルク諸島では、テルナテ王国に代表されるように十二、三世紀頃には首長制にもとづく小王国ができていた。そして、身分制社会が形成されていったのだが、その中には奴隷として連れてこられた人たちも少なくなかった。ティドーレ島には、パプア系奴隷の子孫が住み着いている村が今でも現存していると聞いて、私も訪れた。明るくて屈託のない平和な村々で、奴隷という言葉がもつ陰惨なイメージはどこにも見られなかった。しかし、もはや純粋なパプア系は少なくて混血の人びとが多かった。

さらに十六世紀に入って、高値で売れる香料の原産地であることが分かると、ジャワ島などから新マレー系が入ってきた。この地域の特産品であった香料はまずジャワ島へ運ばれて、インド商人やアラブ系商人によってインドやアラビア半島や東南アジアで売り捌《さば》かれた。そしてこれらの海商によって、イスラム教が早くから島々に伝わっていった。

現在の住民は新マレー系が一番多いが、パプア系と新マレー系の混血も見られる。セラム島、ハルマヘラ島、ブル島の三大島の奥地には、セラム島の「アルフル」族（Alfurus）に代表されるように、後来の住民に追われて山深い奥地に入った古マレー系と見られる先住民族が住んでいる。

もともと「アルフル」とは、マルク諸島からミンダナオ島にかけての海域に住んでいる非イスラム教徒の呼称だった。その原義は「森の人」であって、特定の民族を指していたわけではなかった。J・G・フレーザーの有名な『金枝篇』にも紹介されているが、彼らは長い間アニミズムによる精霊信仰を守り続けていた。精霊が人間に依り着く場合は頭蓋に宿るとされていたので、彼ら先住民族は「首狩り」を常習とし、アニミズムにもとづく特異な祭祀儀礼を行っていた。

山や海や森にましますす大自然の神々を崇めていた先住民族は、自然採取経済の中で彼ら独自の民俗と文化を育んで、自己完結的な小共同体を営んでいた。

しかし、あまりにも教義が異なるイスラムの教えを理解することができず、全く受け入れなかった。イスラム商人も、首狩りを恐れて彼らの土地に積極的に入ることを避けた。その結果、野蛮で無知な「首狩り族」として賤視されるようになり、あとからやってきた新マレー系に追われて山中に入ったのであった。

三 アンボン島とザビエル

マルク諸島にキリスト教を広めたのは、一五三三年からテルナテのカピタンとなったトリスタン・デ・アルタイと一五三六年からその後継者となったアントニオ・ガルヴァンだが、そのことは生田滋氏の『大航海時代とモルッカ諸島』（中公新書）に詳しく述べられている。

イスラム教徒の圧迫を受けた先住民族系の住民が、テルナテのポルトガル勢に救いを求めてきたのがきっかけとなって、モロティア（ハルマヘラ島と対岸のモロタイ島）への布教が始まった。急いでテルナテから派遣された宣教師が、モロティアとアンボン島へ出向いて、彼らをキリスト教に改宗させていった。しかし、布教が有望視されていたモロティアでは神父が亡くなったので、信者はそのまま見捨てられていた。その放置された信者の組織を再建するために、インドのゴアからザビエルが派遣されたのだ。ザビエルは一五四六年の年頭に四〇〇トンのガレオン船でマラッカを出帆し、二月十四日にアンボンに到着した。

私は一九八九年から五度にわたってマルク諸島を訪れて、ザビエルの足跡を実際に辿ってみた。彼の書簡によれば、アンボン島に四カ月滞在して、七つあった信者の村を次々に訪れているが、その村の実名は書かれていない。一九八九年と九二年に訪れた時は分からなかったが、九七年にアンボンからセラムに旅した際に、アンボン市の背後の山中に先住民系の小さな村ソヤがあると聞いて訪れた。

全村が熱心なカトリック教徒と聞いたので、「ザビエルはここにやってきたのかもしれない」と話しながら急坂を登っていった。そうすると、あった、やはりあったのだ。

アンポン島ソヤ村の十字架と蟹のレリーフ

私たちは見過ごしていたが、フローレス島の出身で熱心なカトリック教徒であるガイドのマルセル君が見つけてくれた。ザビエルの像が崖の上にあって、その碑に「一五四六年、ザビエル、このソヤ村を訪れる」とあった。十字架をもった蟹のレリーフもあった。セラム島への航海中に暴風雨に見舞われ、ザビエルは神の加護を願って十字架を取り出して祈ったが、大波に襲われて十字架が海に落ちた。それを蟹が拾って届けてくれたという伝説が今に伝わっているが、それが形象化されているのだ。このソヤ村は、焼畑と狩猟で生きてきた孤村だったが、ザビエルが布教した七つの村の一つだった。

四　テルナテの島々を訪れて

一九九一年にスラウェシ島のマナドからテルナテへ飛び、波静かな海峡を隔てたハルマヘラ島の西南部の漁村に渡った。テルナテ島は一周約三〇キロメートル、人口は約十万人だが、島全体が円錐形火山で南側の裾野にテルナテの町がある。丁字の原木とされている高い巨木が名物だったが、今は訪れる人もなく、かつての香辛料の交易都市としての賑わいはどこにも見られない。

港に入っている船も、近くの島々へ通う便船だけだ。ティドーレ島はすぐ目の前で、船で十五分の距離だ。テルナテの小さな安宿で寝ていると、標高一七〇〇メートルのガンマラン山の噴煙が、風に流されているのが月明かりによく見える。時々、火口のあたりでピカリと光り、その度に地鳴りがした。大変な湿気と蚊の大群の来襲で、まんじりともせず一夜を明かした。早朝、すぐそばの集会場の二階にある小さな教会から、聖歌の美しいコーラスが聞こえてきた。「主よ、憐れみたまえ」のミサ曲だった。しかし、テルナテでは依然としてイスラム教の力が強く、キリスト教徒は人口の一割程度である。

ウォーレスがテルナテ島に到着したのは一八五八年一月だが、この島に滞在している時は、やはり地震に悩まされたと記している。その宿もまだ残っているが、ダーウィンに大きい影響を与えた『種の起源』に関するウォーレスの論文は、このテルナテからロンドンに送られた。

テルナテ島とティドーレ島は、それぞれ車で一周すれば半日ほどの小さな島である。両島のあちこちにポルトガルとスペインが築いた城砦が残っているが、十六世紀に造られたポルトガルの砦は、無残な廃墟と化していた。

ザビエルはテルナテに三カ月ほど滞在したが、テルナテ王はザビエルの教えにしだいに惹かれて、王子の一人をクリスチャンにすることを約束した。その王子はあとでインドのゴアまで渡って修学院で教育を受けることになっていたが、その約束は実現しなかった。

五　ハルマヘラ島でザビエルの足跡を辿る

「首狩り族」の襲撃と疫病の危険があるので未開の島々へ渡らないように忠告されたが、ザビエルは九月から三カ月間、ハルマヘラ島とモロタイ島を訪れている。

ザビエルは「モロティア」地方について、ヨーロッパのイエズス会にあてた一五四六年五月十日付の書簡で、次のようにかなり詳しく報告している。

この地方の島々は多雨で密林におおわれ、活火山なので地震が多い。馬もいないので高い山を越えることができない。島々で言葉が異なるが、文字はない。七十年前からイスラム教が入ってきて司祭が文字を教えたが、書き言葉はマレー語で文字はアラビア文字である。住民の多くは依然として異教徒であって、部族間の抗争が絶えず、野蛮で人間を食べる習慣がある。「地獄の苦しみにあえぐ」この島の人びとに福音をつたえねばならないが、異教徒の数はイスラム教徒よりも多く、両者は互いに敵視しあっている。異教徒はイスラム教徒や奴隷になるよりも、むしろキリスト信者になりたいと思っているので、真理を説いて回れば、すべての者が信徒になるだろう……そのようにザビエルは述べている。

ザビエルは道なき道を辿り、時には野営をしながら村々を回った。病人を介護し、子どもたちを教育しながら、キリストの愛を説いて洗礼を授けた。

私は一九九八年にハルマヘラを再訪した時には、ずっと北上して、かつてのモロティアの中心部であったトベロとガレラを訪れた。目の前に大きいモロタイ島が見えるが、残念ながらそこを訪れる時間がなかった。モロタイは、第二次大戦中に日本軍五千名が全滅した所で、今もなお敗残兵が隠れているのではないかともいわれるほど山々は未踏の密林である。トベロ周辺はやはりキリスト教徒が多く、教会もあちこちに点在している。

ザビエルがやってきた時にはポルトガル城塞に宿泊したに違いないので、それを探したがなかなか見つからない。数件の漁村がある海岸沿いの高台でやっと一つ探り当てたが、石積みの城塞は敷石が散在するだけで、もはや原形をとどめていなかった。波静かな内海で、モロタイ島もすぐ目の前に見えた。

約一年の滞在後、ザビエルは五月十五日にアンボンを発って、七月初旬にマラッカに帰着している。そしてマラッカ滞在中に、鹿児島からはるばるやってきた日本人の海商アンジローに出会って、日本訪問の決意を固めたのである。

六　ザビエル以後の島嶼部におけるキリスト教の布教

十三世紀頃からのアラブ系海商民によるイスラム教の布教は、スラウェシ島のブギス族やマカッサル族、そしてマルク諸島などの海民勢力には大きい影響を及ぼした。その波は、ミンダナオ島などフィリピン諸島の南部海域にまで浸透していった。

しかし、すでに見たように、新マレー系によって山間僻地《へきち》に追われていた先住民族系への直接的な波及はあまり見られなかった。先住民族にとって一番問題になるのは、十六世紀からのキリスト教の浸透であった。ポルトガルによるカトリック伝道は一五四〇年代から活発になり、ザビエルもかの地を訪れた。

ポルトガル衰退後、インドネシアのほぼ全領域にわたる十六世紀からのオランダの侵攻とともに、プロテスタンティズムが積極的に布教されるようになった。しかし、すでにイスラム化していた新マレー系はキリスト教の受容を拒否した。それで、プロテスタントの宣教師たちは主として先住民族の地へ布教するようになっていったのである。

もちろん、新・旧両キリスト教の宣教師たちは、精霊崇拝や祖先神信仰を認めず、呪術的な偶像崇拝や供犠をともなう死者儀礼も禁じた。敬虔なクリスチャンになった先住民族の一部は、アニミズムにもとづく伝統民俗をしだいに捨てて、イエス・キリストの教えを信じる一神教に帰依していった。

しかし、十九世紀までは信者数もまだまだ少なかった。トラジャ族のアルク・ト・ドロ信仰やスンバ族のマラプ信仰に代表されるように、全住民の大半が第二次大戦まで旧来の伝統信仰の火を守り続けた先住民族もあった。一九四〇年代半ばまでに、インドネシアの先住民族の三〇%程度がキリスト教徒になったと推定されている。

例えばトラジャ族の死者儀礼は、アニミズムにもとづく祖先神崇拝が柱になっている。そして身分の高い家系ほど多くの水牛を屠《ほふ》って供儀を行う。このような儀礼と、キリスト教式の葬送は本来は全く両立しがたいものである。その多くが政府が強制した宗教登録制による転宗なのだが、キリスト教徒が八〇%を超えた今日でもほとんど旧来の死者儀礼によって行われている。しかし、死者の棺は十字架とキリストの像で飾られ、犠牲獣の数を減らすなどして信者側でもいろいろ考慮している。つまり、祖先伝来のアニミズムを基底に残しながらも、キリスト教会側との協調の姿勢を示しているのである。特に若い世代の多くは都会に働きに出ていって、伝統的民俗を捨てる者が多くなっている。

すでにみたように、ザビエルが布教したマルク諸島では、今日でもイスラム教徒が多く、クリスチャンは少数派である。カトリック系信徒が住民の九〇%を占めるのは小スンダ列島のフローレス島周辺である。人口約百三十万人のこの島をバスで東から西へ横断するのに五日はかかるが、至るところに教会があり、ローマ教会が二百年前に建設した大学の古い建物もまだ健在であった。ここへは数年前にローマ教皇も訪れている。この島の青少年の最大のあこがれは、宣教師の候補生として選抜されて西洋に留学することである。しかし、都市部を離れた農漁村では、まだアニミズムの名残りが色濃く残っていて、日本の弥生時代のような村も奥地に散在している。

第五章

戦国時代の世情と仏教

一　世直し闘争としての一向一揆

ザビエルの一行が上陸した頃は、戦国時代の末期で、戦国大名が各地に割拠して室町幕府の権力は完全に無力化していた。応仁の乱以来のほぼ一世紀にわたる内乱によって国土は荒廃し、多くの民衆が戦乱の犠牲となり、その日の糧《かて》に苦しむ貧民・窮民が絶えなかった。「天変地異」もしきりに起こり、水害・旱魃《かんばつ》・疫病・地震なども相次いだ。

しかし、他面では「下剋上」の風潮が広がり、《一向一揆《いっこういっき》》に代表されるように民衆の反権力闘争が高揚し、都市や村々の自治的基盤が固まっていく時代であった。戦国大名の経済的・軍事的必要もあって、領国支配体制を確立するために流通・交通条件の整備が進められ、農耕生産力や商品生産も発展しつつあった。やがて室町幕府の支配体制が崩壊して、新興勢力としての織田・豊臣政権が出現し、中世から近世へと転換していく大いなる過渡期であった。

一向一揆は、一四六六（文正《ぶんしょう》元）年から約百二十年にわたって、浄土真宗の僧侶・門徒が、在地の土豪層などと組んで、各地方で戦国大名の領国制支配と戦った大一揆だった。だが、地域的な反領主闘争という性格をしだいに超えて、平安時代からの中世的秩序の根本的な変革を目ざす、世直しの闘争になっていった。

さて、一向は、「ひたすらなこと」「純粋なこと」を意味した。一心一向に念仏を念ずる人びとが一向宗と呼ばれた。

「一向専修《いっこうせんじゅう》」とは、ひたすら「南無阿弥陀仏」を唱えて、阿弥陀仏の本願を信じることを意味した。あとでみるように本願とは、罪悪深重《じんじゅう》で煩悩の多い衆生でもすべて救うという阿弥陀仏の誓願である。

親鸞を開祖とする浄土真宗は、罪深い人間を救って極楽往生させる阿弥陀仏の誓願を信じて、その絶対的な慈悲の力を頼むこと、つまり、他力本願によって悪人も成仏できると説いた。そして、ひたすら念仏を唱えて阿弥陀仏を信仰したから、彼らは一向宗と呼ばれたのであった。

各地における一向一揆として歴史上に名をとどめた有名な蜂起をあげてみると、一四六五年（寛正六）年の近江堅田《かただ》の門徒衆の武力蜂起を嚆矢とする。一四八八（長享二）年の加賀一揆では守護の富樫《とがし》政親を自害させて、約百年にわたって「百姓ノ持タル国」を現出させた。さらに十六世紀に入ると一五三二（天文《てんぶん》元）年の畿内の一向一揆と、次々と火の手が広がっていった。

一五五四（天文二十三）年に顕如《けんにょ》が本願寺の第十一代の法主《ほっす》になると、各地の戦国大名は一向宗の蜂起を恐れて布教を禁止した。だが、一五六三（永禄六）年には、徳川家康の領内で半年にわたる三河一揆が勃発した。

そして、よく知られているように、一五七〇（元亀《げんき》元）年から一五八〇（天正八）年まで、大坂石山に籠城した本願寺門徒の大一揆が、一向一揆総体の決戦として戦われた。各地の一向一揆に手を焼いていた織田信長は、三河一揆を鎮圧した徳川家康と組んで約十年余にわたって石山本願寺を包囲攻撃した。しかし、石山本願寺は、浅井、朝倉、毛利、武田などの反信長連合と手を組んで果敢に戦った。各地の真宗門徒も、長島一向一揆、越前一向一揆、紀州雑賀《さいか》一揆と、次々に蜂起して各地で信長軍と闘った。その一例として、伊勢長島の一向一揆についてみておこう。

この長島の一揆勢力は、木曾川・長良川・揖斐《いび》川の下流域に住んで、海運や漁撈に従事していた海民勢力だった。蓮如の六男蓮淳《れんじゅん》によって創建された長島願証寺を拠点として、彼ら海民勢は反抗の火の手をあげたが、一五七四（天正二）年六月、八万の信長軍に包囲された。水軍城と化した輪中《わじゅう》を拠点にして、三カ月も死力を尽くして闘ったが、二万人が虐殺されて一揆は敗れた。輪中とは、洪水から集落や耕地を守るために堤防で囲まれて、水防の共同体を形成した村々であった。

しかし、強力な信長軍の各個撃破によって、本願寺支援の同盟軍は次々に崩されていった。一五八〇（天正八）年に入ると、天皇の命による勅命講和という形式はとったものの、本願寺はついに降伏した。長年にわたる抵抗闘争の先頭に立ってきた顕如は、石山から紀州雑賀に退去した。かくして百年に及ぶ一向一揆は終わったが、まだ各地で火種がくすぶり続け、特に雑賀衆は、一五八五（天正十三）年に秀吉の紀州攻めによって潰滅させられるまで、徹底抗戦に出た。

これらの一揆の舞台となったのは、畿内・東海・北陸などの、当時としては農耕生産力が発展し、庶民の識字能力も向上し民衆文化が進んでいた地域だった。

十六世紀後半から、本願寺教団が主として教線を伸ばしていったのは、室町時代の初期のころから形成された新しい村落である惣《そう》村だった。

つまり、旧荘園における名主《みょうしゅ》が支配した「名」制がこれらの先進地では崩れていたのである。それまでは年貢や公事《くじ》の徴用は名主を通じてなされたが、新型の村落である「惣村」では、村落構成員全体の合議によって自治的な運営がなされた。この「惣」とは、村人全体による共同体的結合を指したのであった。山野の開拓や河川の利用、村の寺社の維持や共同祭祀、村の独自の課税や村法など掟の作成など、農民による自治的な機能が強められた。

このような自治的な共同体組織を基盤として、教団はその影響力を拡大していった。そして「道々の者」と呼ばれた商人や職人、海陸の運送に従事する者、卑賤視されていた山の民や海の民、さらには当時の河原者などの賤民層へも教線を広げていった。

二　法然の革新的思想

ここで、一向一揆の思想的淵源《えんげん》になった鎌倉新仏教の興隆について、簡単にみておこう。天皇・貴族のために国家の鎮護を第一義とする旧来の仏教に対して、正面から立ち向かったのが鎌倉時代の革新仏教だった。法然・親鸞・一遍・日蓮・道元・栄西などのすぐれた思想的営為と社会的行動があったわけだが、日本の仏教史上でも画期的な時代となった。

宗教改革と言えば、ローマ・カトリック教会に対して徹底的な変革を唱えたプロテスタント諸派の運動を指すが、朝廷貴族を基盤とした旧仏教に対する鎌倉民衆仏教の興隆は、まさに日本宗教史における「宗教改革」であった。

奈良・平安時代以来の旧仏教の教説を果敢に批判し、この宗教改革運動の先頭に立ったのは法然（一一三三～一二一二）だった。専修念仏によって、〈貴・賤〉〈男・女〉を問わず、どんな人間でも阿弥陀仏の慈悲によって救われるという、当時としては全くの革新的な思想を強く押し出した。法然こそ日本における「宗教改革」の推進者であり、その教説は日本仏教史上画期的だった。

九歳で父を失い一家離散の憂き目に会った法然は、出家して十五歳で比叡山に登った。天台の青年学僧として多くの仏典を学んだが、十八歳で求道の聖《ひじり》たちが修業する黒谷の別所に入った。

二十四歳になった法然は、南都に遊学して、たまたま嵯峨の釈迦堂で参籠《さんろう》した。そこでこの濁世に深く絶望している衆生たちが、万人救済の仏の道を求めて苦悩している姿を見て、内省教学を中心とした既成の仏教に疑問を抱くようになった。

改めて多くの教典を読み直した法然は、大きく発展させた道綽《どうしゃく》（五六二〜六四五）、善導（六一三〜六八一）の教説に深く感銘し、その影響を大きく受けるようになった。

仏教を「聖道門」と「浄土門」に二分して、五濁悪世の現世では浄土門こそ真の仏法であると説いたのは道綽であった。

「聖道門」は、現世で知恵をみがき難行苦行を重ねて、自らの手で煩悩を断ち悟りをひらこうとする。しかし釈迦の時代を去ることはるかなる現世は、汚濁にまみれた穢土《えど》であり、戦乱と飢餓の末世の時代である。そういう現世で、自助努力によって悟りをひらくことはたやすく実行できない難証難行であると道綽は断じた。

それに代わって、すべての悩める衆生を救おうと誓願した阿弥陀仏の大慈悲を信じて、それにすがる「浄土門」こそ、末法の時代の新しい教えである。つまり、〈自力〉と〈難行〉の「聖道門」に対して、〈他力〉と〈易行〉の「浄土門」を唱えたのであった。

この道綽の革新的な教説に感銘した法然は、その主著ともいうべき『選択《せんちゃく》本願念仏集』

の冒頭で、道綽の「聖道」「浄土」の二門論を紹介し、彼の『安楽集』にある「一切衆生皆有仏性」という言葉を引いている。

三 〈宗教改革〉――鎌倉新仏教の興隆

これが法然の第一の回心であった。そして第二の回心が、善導の教えに接して、平安貴族仏教にはみられなかった新しい人間観を確立したことである。後に「悪人正機」説として体系化されることになる。

どのような人間観だったのか。私なりに次のようにまとめておこう。

この仏法のおとろえた「末世」の時代は、はかない浮世である。その中で生きる人間は、多くの悩みと苦しみにさいなまれ、さまざまの罪を犯し、戒を破って生きていかねばならない。

そもそも善や悪、貴と賤というような区分は、この世の根本をとらえていない薄っぺらい人間観に根ざしている。もっと突き詰めて言えば、自分を含めて人間の本性そのものが「悪」であり、自力で善人になりうるという説はウソである。そういうきわめて明晰で、これまで旧仏教が全く着目しなかった人間観である。

自らが「悪人」であることを自覚的に吐露した先覚者は、善導であった。そのことを善導は、『観経疏』で次のように述べていた。

「自身は現にこれ罪悪生死《しょうじ》の凡夫、曠劫《こうごう》よりこのかた常に没《もっ》し、常に流転して、出離《しゅつり》の縁あることなし」

自分は罪悪深い人間で、迷妄の世界を流転している。六道輪廻《りんね》（地獄・餓鬼・畜生の）泥海に沈没《ちんもつ》し、（修羅・人間・天上の）迷界を流転している。この苦界から脱れ出て、自ら悟りをひらく機縁はない。

突き詰めて言えば、人間の本性そのものが「悪」である、そのことをまず認識すべきだという思想である。自らの限界を察知した痛切な告白である。世俗の罪悪感を越えたところに成立した深重な人間観である。

この世は絶対不変ではなく、生住異滅《しょうじゅういめつ》を繰り返しながら流転していく。すべての物が生滅・変化していく無常の世界である。この世に生きる衆生は、物欲・食欲・性欲などさまざまの欲望にさいなまれ、数多くの煩悩に苦しみながら、はかない人生を過ごしていかねばならない。

そのような人間が、自分の知恵をみがき修業を積むことによって善人となり、首尾よく往生できるという「自力作善」の道は、本当にありうるのか。

財力・権力を持っている貴族などの高位の身分の者は、寺を建て仏教を崇め、難解な文字を学んで経を読み、多くの僧を周りに抱えて極楽往生を祈願することができるだろう。だが、財も権力も地位もない衆生はどうすればよいのか。

そして法然は、ここに至ってついに第三の回心にいたる。それはひたすら阿弥陀仏の名を称える「口称の専修念仏」である。寺もなく仏像をまつることもなく経も読めぬ下根下機の衆生にも、「念仏は易きが故に一切に通ず。諸行は難きが故に諸機に通せず」と断じた。口称の専修念仏こそ、末法の世の時機相応の教えと結論したのであった。このように法然は、口称念仏こそ阿弥陀の本願であると自らの主体的選択を提示した。

道綽・善導に導かれた浄土教の本願論を越えて、法然独自の「選択本願念仏」論をはっきり明示したのは、一一九〇年の東大寺における『浄土三部教』の講釈の場であり、著作としては九条兼実の要望に応じて選述された『選択本願念仏集』であった。出家して山門に入ってから、すでに五十数年の歳月が経過していた。

四　過激な危険思想として弾圧される

法然は三回にわたる「回心」を経ながら、新しい浄土教の体系を構築していった。まとめておくと、第一は自力救済を説く「聖道門」の否定であった。第二は、自らを含めて「悪人」として本性を考える根源的な人間論の展開であり、第三は「口称の専修念仏」こそ阿弥陀の本願とする法然独自の説である。

この過激ともいうべき新説には、天台宗・真言宗などいわゆる南都北嶺にある旧仏教の八宗は驚愕した。そのことはまた、「聖道門」を説く旧仏教を手厚く保護してきた国家の宗教的基盤そのものを脅かす危険思想であった。

さらに言えば、国家存立の根本構造である「身分制度」そのものを覆す過激な教説であった。すなわち〈貴〉の対極にある〈賤〉、〈尊〉の対極にある〈卑〉の身分——彼らは「悪人」「非人」と俗称されてきたのである。法然は自らを罪障《ざいしょう》深い愚衆のひとりと断じ、悪人こそ阿弥陀の本願にかなう人びとであると説いたのであった。

旧仏教の側は、すべての人間の平等往生を説く新思想の台頭を脅威に感じた。立派な寺院や仏像も必要ではない、むつかしいお経は読めなくてもよい、ひたすら「南無阿弥陀仏」を唱えて一生懸命に働きさえすれば、誰もが仏の慈悲によって救われる——このように説く新興の民衆仏教に対して、旧仏教の側は激しく攻撃した。観想《かんそう》・持戒《じかい》の諸善行を廃し、破戒女犯《にょぼん》を認めて凡人・悪人の救済を力説する邪教であると批判した。

旧仏教の側は、ついに朝廷に訴え出て、これらの念仏の徒の弾圧を請願する。一二〇五

（元久二）年、南都興福寺の宗徒を代表して貞慶《じょうけい》が『興福寺奏状』を起草して、法然の専修念仏の禁止を訴え出た。翌年、専修念仏門の中心にあった行空、遵西の二人は、「南無阿弥陀仏」を唱えて人を惑わし、旧仏教を非難した罪を問われて流罪に処せられた。

しかし、朝廷は、多くの民衆の尊敬を集めていた法然を罪に落すことを躊躇《ちゅうちょ》した。だが、その翌々年には、法然以下の専修念仏門のおもだった者は、ついに念仏禁止の宣下《せんげ》によってその罪に問われた。安楽・住蓮など四名が死罪、八名が流罪となった。法然は讃岐に、その弟子の親鸞は越後へと流罪に処せられた。いわゆる「承元《じょうげん》の法難」である。二十九歳で法然の門に入ってから、わずか六年で親鸞はこの流罪の刑を受けたのであった。

この法然の思想は、越後から関東にかけて約二十年間、信仰の深化と苦難の布教の旅を続けた親鸞によって受け継がれ、それは〈悪人正機《しょうき》〉説となって実を結んだ。

もう一つ忘れてはならないのは、法然が女性解放への道を切り開いたことである。これまで女性を原理的に仏の救いから閉めだしていた旧仏教を批判して、女性にも専修念仏による救いの道を開いた。すなわち、女性に「五障三従《ごしょうさんじゅう》」を説いて、血や産のケガレを身に負う女性には仏の慈悲は及ばないとされてきた。比叡山延暦寺、高野山金剛峯寺、東大寺、醍醐寺など、当時の有名な寺院はすべて女人が寺域に入ることを禁じていた。

それを突き破って、法然は女人も救われると説いた。しかし、法然の言説にも時代の限界がみられた。「五障三従」という女人差別の思想的な根源を根底から批判することはできなかった。「変成男子《へんじょうなんし》」による女人往生、すなわち、女性は女性のままでは極楽往生はできず、一度男に生まれ変わってから往生すると説いたのであった。

五　「悪人正機」説と旃陀羅《せんだら》

阿弥陀仏の前にあっては念仏者はすべて平等であり、同朋同行《どうぼうどうぎょう》であるというのが法然から親鸞へと流れる浄土教の教えだった。そして、民衆の〈生〉と〈死〉の問題に正面から取り組んで、底辺で苦悩している人びとにまで積極的に教線を広げていった。

煩悩にさいなまれ生臭い生活を送っている民衆は、さまざまの戒律を犯して痛苦の人生を過ごさねばならない。このような罪障深い悪人こそ、阿弥陀仏の救いの対象であるというところから、〈悪人正機〉の説が生まれた。正機とは、仏の救いを受ける機根の人を指す。機根とは、さとりをひらく資質のあることだ。つまり、悪人もさとりをひらけると説いたのである。

このような民衆救済の新しい思想は、社会の底辺で苦しんでいる人びとにとっては、初めて聞く救いの言葉だった。それまでは仏の教えに従わずさまざまの戒律を犯している「下根《げこん》不堪《ふかん》」（生まれつき素質が劣っていて、修行に堪えられない者）とされ、権門貴族が仕える大寺院からは相手にされなかった。病気や飢饉になれば路上でのたれ死する。どう考えても浄土に往生することはない。

そういうあきらめの境地で生きていたのだが、自分たち〈悪人〉にも仏の救いの手がさしのべられるというのである。

十世紀に制定された『延喜式《えんぎしき》』では、触穢《しょくえ》の観念が朝廷からはっきりと打ち出されていた。そして、〈死〉〈産〉〈血〉の三不浄を中心としたケガレ観念は、『諸社禁忌《きんき》』『神祇道服忌令《ぶっきりょう》』などで次々に制度化されていった。それが穢れと忌《い》みの思想として習俗化されて、平安時代の末期のころから、しだいに民衆社会に下りていった。それが仏教の殺生を禁じる思想と結びついて、「屠沽《とこ》の下類《げるい》」と呼ばれた人びとに対するケガレ観念が広がっていった。

ここでは深く立ち入らないが、信徒の質問に答えて、日常に関わるケガレについても、法然は次のように教示している。すなわち、死穢《しえ》・産穢《さんえ》については、「仏教にはいみ（忌み）ということなし」と断じ、血の穢れについても「神やはばかるらん、仏教にはいまず」と述べている。貴族の家では月経時の女性は仏前での読経を禁じていたが、法然は「さしつかえなし」と答えている。

さらに魚鳥類を食することも、「この世のならい」として是認する立場をとった。「酒を飲むのはいけないのか」という問には、「世のならいだから仕方あるまい」と答えている。〈不殺生戒〉を強調し死・産・血の三不浄を説く旧仏教とは、このように根本的に違う姿勢を示したのだ。世俗の実相を踏まえたこのような現実的な教えは、何でも食べないと生きていけない底辺の民衆や、生き物の捕殺を日ごろからの生業とする山海民にとっては、まことにありがたい教示であった（「一百四十五箇条問答」『和語燈録』所収）。

六　具縛の凡愚・屠沽の下類

親鸞はそういう人たちの深い苦悩を直視して、『唯信鈔文意《ゆいしんしょうもんい》』の中で「具縛《ぐばく》の凡愚《ぼんぐ》、屠沽の下類」であるわれらこそ「無上大涅槃《だいねはん》にいたるなり」と説いた。

「屠はよろづのいきたるものをころしほふるものなり。これはれうしといふものなり。沽はよろづのものをうりかふものなり。これはあき人なり。これらを下類といふなり。」「れうし、あき人、さまざまのものは、みないし、かはら、つぶてのごとくなるわれらなり。」

「具縛の凡愚」とは、さまざまの煩悩《ぼんのう》にしばられている自分たちのことである。そして、「屠沽の下類」こそ「涅槃」にいたる、すなわち、俗世の煩悩を滅却して、さとりをひらくことができると説いたのであった。

生き物を殺して生活している猟師（漁師）や物を売買している商人は、下等で劣った人間としてさげすまれてきた。だが、よく考えてみるとその人たちと自分たちとは全く同じ人間である。すなわち、「屠沽の下類はわれらなり」と、親鸞は喝破《かっぱ》したのであった。『歎異抄《たんにしょう》』でも、「うみかはにあみをひき、つりをして世をわたるものも、野やまにししをかり、鳥をとりて、いのちをつぐともがらも、商ひをもし、田畠をつくりてすぐる人も、ただをなじことなり」と述べている。〈不殺生戒〉を犯している漁師や猟師、商人や農耕で生計を立てている人びと、すべて阿弥陀仏の前では平等の人間であると説いたのであった。このような人間観は、旧仏教には全くみられない画期的な新説だった。

法然は肉食妻帯せずに、超俗の清僧として生涯を過した。

しかし親鸞は、自らの欲望と煩悩に苦しみながら、女性と結婚し子を産み、民衆と同じように魚鳥肉を食べ、「非僧非俗」の立場で生きた。

親鸞は、念仏の本願を信じる衆生は、阿弥陀の前ではみな平等であると「御同朋・御同行」と呼んだ。そこには出家・在家の別はない。

親鸞は『歎異抄』によれば、その最終章で先にみた善導の「自身は現にこれ罪悪生死の凡夫……常に流転して、出離の縁あることなし」という言葉を引き、これを「金言」としている。そして「煩悩具足の凡夫、火宅無常の世界は、よろづのこと、みなもてそらごとたわごと、まことにあることなきに……」と言っている。この「火宅」は、悩み多く不安無常の現世を指す。戒を犯して妻帯している僧は、火宅僧と呼ばれていたのであった。

法然の悪人往生説をさらに深く掘り下げて、親鸞は「悪人正機」を説いた。自分を善人と思い込んで、「自力作善」を確信している者は、人間の本性にある「悪」に無自覚である。したがって仏の大慈悲を信じることがない。それに対して「悪人」と自覚している者は、仏の本願に頼りそれを信じるしかないのである。

七　「海辺の旃陀羅の子」と激白した日蓮

ところで、鎌倉時代では、狩猟や漁撈で生計を立てる人びとは、どのような身分とみなされていたのか。国の基幹産業である農耕に従事せず、朝廷がたびたび出した〈殺生禁断令〉に従わぬ者として賤視され、仏の慈悲が及ばぬ「屠児《とじ》」とされていたのである。

ここでは漁家に生まれた日蓮についてみておこう。後世の伝記には、日蓮の先祖は聖武天皇や藤原鎌足の系譜に連なる高貴の血筋としている記述もあるが、いずれも後世の偽作である。安房《あわ》国（千葉県安房郡）小湊《こみなと》の小漁村に生まれた漁民の子であった。

日蓮（一二二二～八二）は、自分の出自について次のように述べている。すなわち、「安房の国長狭の郡《こおり》東条の郷、片海《かたうみ》の海人が子也」（『本尊問答鈔』）、「海辺の旃陀羅《せんだら》が子也」（『佐渡御勘気鈔』)、「片海の石中《いそなか》の賤民が子也。威徳なく、有徳《うとく》のものにあらず」(『善無畏三蔵鈔』)。

つまり、日蓮は、「片海の海人の子」=「旃陀羅の子」=「賤民の子」という意識をはっきり持っていて、包み隠さずそのことを激白しているのだ。「旃陀羅」は梵語チャンダーラの音写語で、もともとはインド亜大陸の先住民族を指した。六世紀ごろから《浄・穢》観にもとづく身分体系として形成されたヒンドゥー教のカースト制度では、そのチャンダーラが〈不殺生戒〉を犯す「穢れた民」の代名詞とされた。つまり、ケガレにかかわる「不可触民」とされたのだ。

そして九世紀ごろから日本に入ってきた密教仏典の中に、この「旃陀羅」がしばしば用いられていたのである。十三世紀後半に成立したとされる辞書『塵袋《ちりぶくろ》』には、「天竺ニ旃陀羅ト云フハ屠者也。イキ者ヲ殺シテウルエタ体《てい》ノ悪人也」とあって、旃陀羅=屠者=エタ(穢多)とみなしている。江戸時代の差別戒名に「旃陀羅」がみられるが、その淵源はここにある。

このように漁民を賤民とみる思想は、日蓮がひとり合点で述べているのではない。当時の支配身分は、猟師(漁師)は悪人の一味である「屠児」であると認識していたのだ。『佐渡御書』では「日蓮今生《こんじょう》には貧窮下賤《びんぐげせん》の者と生まれ、旃陀羅が家より出たり。心こそすこし法華教を信じたる様なれども、身は人身に似て畜身《ちくしん》也」とまで言い切っている。これは日本思想史上でも特筆すべき凄い激白である。

そして日蓮は、そのような「旃陀羅悪人」でも、仏の道を極めればその慈悲によって救われるとする立場から、「世間ノ悪人ハ、魚・鳥・鹿等ヲ殺テ世路ヲ渡ル。此等《これら》ハ罪ナレドモ、仏法ヲ失フ縁トハナラズ」と述べている（『題目・弥陀名号勝劣事』）。

たび重なる幕府の抑圧を受けて、日蓮は四十歳で伊豆に流された。その流罪を赦免されると、再び逮捕されて佐渡へ流罪が決まった。一二七一（文永八）年九月だった。およそ二年半、佐渡で配流生活を送ったが、権力の弾圧と迫害は、二百人ほどの数少ない弟子・信徒にまで及んだ。それをおもんぱかって門下一同にあてた文の中で、日蓮はこのように書いたのである。これら一連の日蓮の手紙は、日本の狩猟民や漁民の歴史を叙述する際には、必ず引用されねばならぬ重要な発言である。

八　「十悪五逆」「五障三従の女人」

近畿地方の被差別部落には、親鸞や蓮如がこの地に来たことがあるという伝承が多い。それを記念して「親鸞上人御立寄所」と碑が建てられている地区もある。親鸞が直接やってきたという話は、時代から考えても真実性はない。

それから約二百年後、蓮如が現れた。この蓮如が当時の賤視されていた人びとの集落にやってきて一向専修を説いた、それを機縁にしてその地に本願寺の道場が開かれた——そういう伝承が今に残る部落がいくつかあるが、これはあり得る話だ。

蓮如（一四一五～九九）は、本願寺の第八代法主で、参詣の門徒もなく寥々《りょうりょう》たる状態で衰微していた同派を一挙に活性化させた中興の祖である。関西地方の古い由緒の被差別部落では、中世末期の本願寺の道場の開基がその地区の起源であると伝承されている所がいくつかある。社会の底辺にあって賤視されていた人びとが集まって、「南無阿弥陀仏」を唱えるために自分たちの力で興したささやかな道場——それが、その部落の起源だったと伝えられてきたのである。

蓮如の布教については、決して壇の上に立たず平土間《ひらどま》から民衆に話しかけ、彼らと同じメシを食べ、同じゴザをかぶって寝たなど、さまざまの伝承が今に語り伝えられている。蓮如と民衆をつなぐ大きい役割を果たしたのは、誰にでも理解できる平易な言葉で語られた「御《お》文《ふみ》」であった。この御文は講中《こうじゅう》で繰り返し読まれて大切に保存された。その御文の内容は、門徒《もんと》の間で次々に語り伝えられていったと考えられる。

その多くの「御文」の中で、蓮如はどのようなことを民衆に説いていたのか。七十五歳を過ぎてからの晩年の代表的な「御文」からここに抜き書きしてみよう（日本思想体系17『蓮如・一向一揆』一九七二年、岩波書店）。

「人間ハユメマボロシノアヒダノスミカナレバ、コノ世界ニテハ、イカナルスマヰヲシ、イカナルスガタナリトモ、後世ヲコ、ロニカケテ、極楽ニ往生スベキ身トナリナバ、コレマコトニ大果報ノ人ナリ。」（一四九〇〔延徳二〕年九月二十五日）

「人ノ貧窮ト富貴トヲモエラバズ、破戒トツミフカキヲモエラバヌ弥陀本願ナレバ、ワガ身ニトリテナニノワヅラヒ一ツモナシ。タヾ一心ニモロ〳〵ノ雑行ノコ、ロヲナゲステ、、一向ニ弥陀如来ヲ信ジマヒラスルコ、ロノ一念ヲコルトコロニテ、ワガ往生極楽ハ一定ナリ。」（同年同日）

「十悪五逆トイフツミフカキ人モ、又五障三従ノ女人モ、万事ヲナゲステ、、一心ニ阿弥陀如来コノタビノ後生タスケ給ヘト、ヒシトタノマン人ハ、十人モ百人モミナトモニ極楽世界ニ往生スベキ事、サラニウタガフ心ツユチリホドモアルベカラズ。」（一四九八〔明応七〕年十月二十八日）

平易な文章なので解説は必要ないだろう。かいつまんで言えば、どんな姿でどこに住んでいても、貧窮であっても富貴であっても、戒を破った罪深い「十悪五逆」の人間でも、阿弥陀によって救われる。五つのさしさわりがあって、親・夫・子とその一生を通じて男性に隷属し、仏の救いが全くないとされた「女人」も、一心に阿弥陀を信じて念仏を唱えれば、必ず「極楽往生」できる。

人間には、〈貴・賤〉〈男・女〉の差別はなく、誰もが平等であるという「同朋・同行」の思想は、蓮如の熱心な布教によって広く下層の民衆の間に受け入れられていった。「仏恩ヲ一同ニ得レバ、信心一致ノウヘハ、四海ミナ兄弟」という蓮如の言葉に、多くの人びとは感激した（『御一代記聞書』二四六）。「四海ミナ兄弟」という考え方を発展させていくと、当時の厳しい身分差別に正面から対立する、すべての人間は平等であるという思想にたどり着く。多くの下層の民衆は、平易に説かれたこのような新説に感激して、相次いで門徒になったのであった。

一向一揆は、天才的ともいうべき異能のオルガナイザー蓮如の布教、それによる本願寺教団の拡大が組織的基盤であった。

どんなに罪深く煩悩の多い人間でも、すべて阿弥陀が救いたまう——そのような弥陀の本願を信じる門徒たちの宗教結社である。しかも旧仏教の信徒にはみられなかった「御同朋・御同行」の意識で固く結ばれている。

末世の往生が約束されている門徒にとっては、死は恐るべきものではなかった。石山本願寺救援にはせ参じた村上水軍の旗には、「進むは往生極楽、退くは無間地獄」のスローガンが高々と掲げられていたのであった。

朝廷や大寺院からの迫害を受けて、まさに日本の《宗教改革》とも呼べるその新しい民衆仏教は一時は閉塞していった。しかし、十五世紀に入ると《一向一揆》として再び息を吹き返してきた。

このように法然・親鸞に始まる新しい浄土教の理念に導かれて一向一揆に結集した新興宗教勢力を除いては、平安期から日本の思想界をリードしてきた既成の仏教は、相次ぐ戦乱に苦しみながら生きていく道を求めていた民衆には全く無力であった。

そのような社会的状況の中へ、突然西洋からの新宗教が上陸してきたのだ。そして、数年を経ずして燎原の火のようにその運動は西日本を中心に広がっていったのである。

この日本列島で、どれほどの入信者があったのか。正確な統計資料は何も残されていない時代であるから、キリシタン信者の実数は定かではない。一五四九年のフランシスコ・ザビエルの渡来から、幕府の禁教と迫害によって最後の日本人司祭が捕らえられて処刑された一六四四（正保元）年まで、およそ九十年間にわたる布教期間で、総数で数十万の入信者があったと推定されている。宣教師たちのローマ教会への報告書でも、入信者の総数は一致していないので確かなことは分からないが、一六一〇（慶長十五）年にイエズス会の指導下にあった信徒が二十二万という報告が一つの手がかりとなる。

最盛期には三、四十万人以上と推定されているが、現代日本のキリスト教徒の総数が約百五万人であるから、戦国時代末期の人口が二千万に充たなかったことを考えると、この数十万は驚くべき数字である。その上陸と広がりを次の章で見ていきたい。

第六章

ザビエルの上陸とキリスト教の広がり

一　ザビエル上陸とベルナルドの入信

ザビエルの一行は、一五四九（天文十八）年八月、マレー半島のマラッカを出帆してから五十二日目にやっと鹿児島に辿り着いた。乗ってきた船は中国人の「海賊」の持船で、小さなジャンクだった。南から吹く季節風の時期だったから、航海中しばしば危険な目に会った。すでに東洋のあちこちを旅してきたザビエルだったが、やはり初めて見る異教徒の国・日本である。期待に胸をふくらませていても、大きな不安がつきまとっていたことだろう。

しかし、上陸してみてその不安は吹っ飛んだ。碧眼紅毛で背の高い南蛮人という物珍しさもあって、どこでも大歓迎された。領主の島津貴久も、ザビエルの一行に対してきわめて好意的であった。

その頃、九州の南端の政治情勢は激しく動いていた。鎌倉時代から薩摩の守護職であった島津氏は、南北朝以来、大隅と日向の守護職も兼ねていた。しかし分割相続によって同族が各地に割拠していて、領国内での紛争が絶えなかった。だが、ようやく島津庶流の一つだった伊作家の貴久によって領域内の武力統一が成されて、天文十四年に貴久が島津本家の家督と守護職を継承したところであった。それはザビエルが鹿児島に上陸する四年前だった。その当時はまだ伊集院にいたのだが、鹿児島に移ったのはザビエルが平戸へ去った翌年であった。

島津貴久は分立割拠していた同族の各家を制して確固たる地歩を確立したが、大隅・日向にはまだ多くの対抗勢力が残っていた。軍事体制を固めるためには、どうしても新しい武器が必要だった。それを入手するためには、鉄砲や火薬を積んだ南蛮船との本格的な交易に乗り出さねばならなかった。いずれ南海に進出して南蛮貿易で利を得ることも考えていたので、ザビエル一行の渡来は、その新ルートになると考えたのであろう。ザビエルも九月二十九日に領主と会見したが、大変丁重にもてなされて、宣教の許可を得ることができた。

鹿児島では短時日の間に約百人がキリシタンに転宗したと伝えられている。それはやはり地元出身だったアンジローの活動によるところが大きかった。島津貴久は伊集院でさっそく彼を引見して、ポルトガル人やキリスト教について詳しく訊ねた。アンジローは誠意をこめて熱心に説明し、インドから持参したマリアの聖画を披露したので、領主も満足したとザビエルはその書簡で詳しく報じている。

そして、ザビエルから最初に洗礼を受けたのは、若くて聡明な青年エルマーノ・ベルナルドであった。ついで、アンジローの妻とその娘、数多くの彼の親戚、そして二人の僧侶が入信した。

鹿児島での受洗者の中で特筆しておかねばならないのは、日本で第一号のキリシタンとなったベルナルドである。彼は下層の武士階級の出と伝えられているが、それを実証する史料は何も残されていない。出生年も不明だ。しかし、ザビエルがのちに書簡で語っているように、貧しい家の出だったと伝えられているので、武士の出身かどうか疑わしい。聡明で意志力の強い彼は、積極的にポルトガル語を学び教理の理解に努めた。

ザビエルは進取の気性に富んだベルナルドを見込んで、滞日中は助手として彼を常に同伴した。ザビエルの人柄とその卓抜な活動力に感服したベルナルドは、二年間ザビエルのそばにあってその布教を助けた。

見知らぬ町に布教にやってきた時もベルナルドは街に出て托鉢を行って、コメの布施を受けた。その僅かな食物で二人は生命をつなぎながら、布教の旅を続けた。広場や街角で説教する際、ザビエルは日本語で書かれた説教集を持っていたが、それはアンジローとベルナルド、それにフェルナンデスが手を入れて苦心して作成したものであった。ザビエルも「私たちはすでに日本語が好きになりはじめ、四〇日間で神の十戒を説明できるくらいは覚えました」と、ゴアのイエズス会員にあてた長文の書簡で述べている。

二　真情溢れるザビエルの書簡

やがて、ザビエルが日本を去る日がやってきた。二年余り苦楽を共にしてきたベルナルドは別れを悲しんだ。日本人の信者をローマに派遣して、本格的にキリストの道を学ばせてイエズス会士に育てようとかねてから考えていたザビエルは、このベルナルドとマテオの二人の日本人を同じ船で連れて行こうと決心した。マテオも、山口でザビエルの説教を聞いてキリシタンになった若い有為の青年だった。

一五五一（天文二十）年十一月十五日にザビエルの一行は豊後の沖ノ浜を出航、途中で広東沖のサンチャン島とマラッカに寄港し、翌年一月二十四日にインドのコーチンに着いた。そこからゴアに入った日本人の二人は、イエズス会の人びとの大歓迎を受けてしばらくゴアに滞在した。しかし、無念なことにマテオはゴア滞在中に死んだ。

ザビエルは、ゴアからポルトガルに旅立つベルナルドに、リスボンのシモン・ロドリゲス神父あての手紙を持たせてやった。ザビエルはかなり長文の手紙をいくつも書き残しているが、そのいずれを読んでも誠意と熱意に溢れ、しかも細やかな配慮が行き届いている。やさしい包容力と鋭い洞察力を兼ねそなえた、彼の人間性をじかに感じ取ることができる。

その中でも、特にこのロドリゲスにあてた手紙は読む人の心を打つ。一五五二年四月八日付けである。中国に出発する直前だったので、急いでしたためてベルナルドに託したのだろう。できるだけ世話をしてやって欲しいという心のこもった依頼状であるが、日本に関するザビエルの思いも率直に語られているので、その一部を紹介しておこう。

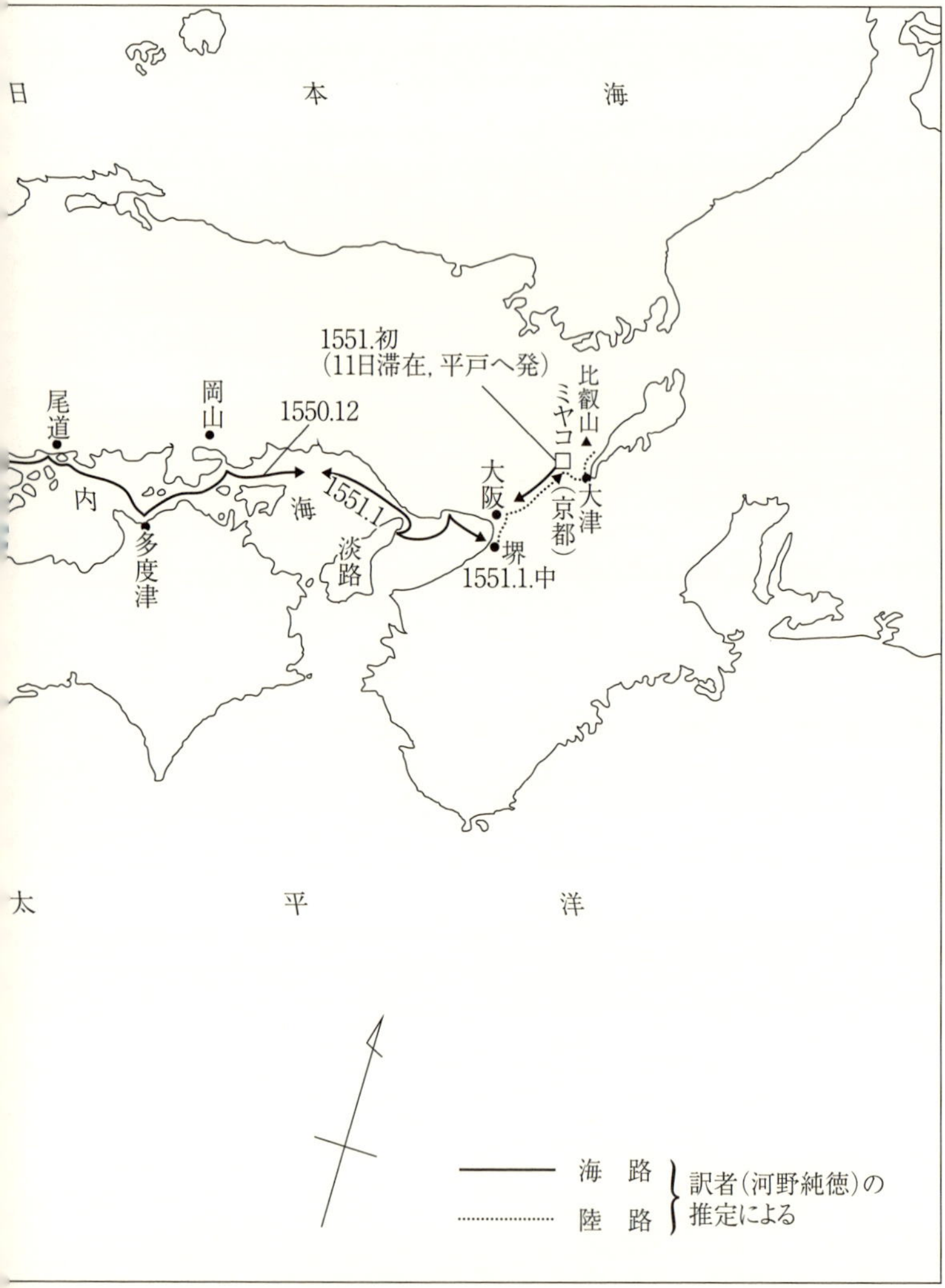
日本海
尾道
岡山
1550.12
1551.初
(11日滞在, 平戸へ発)
比叡山
ミヤコ
大阪
大津
(京都)
内海
多度津
1551.1
淡路
堺
1551.1.中
太平洋
海路
陸路
訳者(河野純徳)の推定による

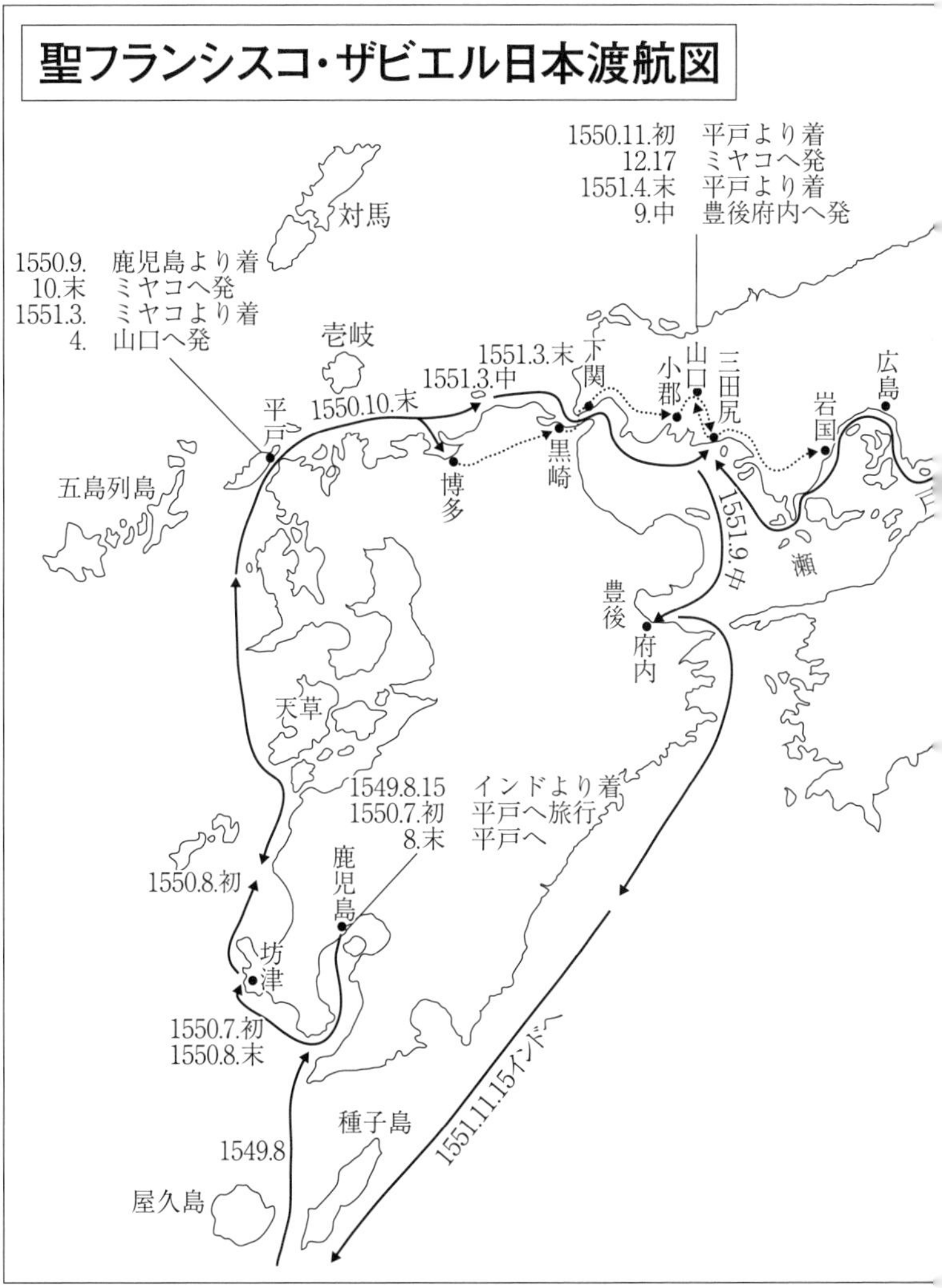

河野純徳訳『聖フランシスコ・ザビエル全書簡 4』訳者解説より

「そちらへマテオとベルナルドが行きます。彼らは生粋の日本人で、ポルトガルやローマへ行ってキリスト教世界を見て帰国し、〔彼の地で〕見聞したことを日本人に証言したいと願って、私とともに日本からインドへ渡航しました。親愛なる兄弟シモン神父よ、主なる神への愛と奉仕のために、彼らをよく世話して、満足して帰るようにしていただきたいとお願いいたします。なぜなら、彼ら自身の口から証言を聞けば、日本人はきっと私たちを大いに信用することになるでしょう。日本人はこの世に自分たち以外には人間がいないと思っていますが、それは今から八年か九年前にポルトガル人が日本の島を発見するまで、他の国の人と交際しなかったためです。」

「兄弟シモン神父よ、〔そちらへ行く日本人が〕数かずの学院や討論会を見て驚くに違いないと思いますが、このようなすばらしいことをいろいろと体験し、満足して帰国し、その体験を日本人たちに〔伝えるように〕いろいろとご配慮くださいますよう、切にお願いいたします。ベルナルドは日本で私たちをたいへんよく助けてくれましたし、マテオも同様です。彼らは貧しい人ですけれども、私たちを愛して、ポルトガルへ行く決心をし、私たちとともにインドへ来たのです。日本の上流階級の人たちは、自分の国から出ることを喜びません。信者になった上流階級のある人たちは、キリストがお生まれになり、お苦しみになった国を見るためにエルサレムへ行きたいと望んでいました。マテオやベルナルドがそちらに滞在したのち、エルサレムに行きたいという望みをもつかどうか、私には分かりません。」

「私はボンズをポルトガルへ送って、日本人がどれほど才能があり、知性に富み、鋭敏であるかをあなたがたに知ってもらいたいと思い、彼らの宗派のなかで学識のある二人のボンズを日本から連れてきたかったのですが、彼らは衣食に困らないし、また上流階級の人でしたので、来ることを望まなかったのです。〔それで〕信者たちをいっしょに連れて来たいと思いましたが、海上の苦労を心配して来たがりませんでした。

私がマテオとベルナルドがそちらへ行くことを喜んでおりますのは、彼らが日本へ行く幾人かの神父といっしょに国へ帰ることができますし、日本人の文化と私たちの文化がどれほど相違しているかを故郷の人びとに〔語ることによって〕その違いを証明することができるからです。」

ここで日本人に関して、ザビエルは率直に自分の思いを述べている。特に留意しておかねばならないのは、海上の苦難と危険を恐れて、日本人の信徒でも衣食に不自由しない「ボンズ」（坊主＝僧侶）や「上流階級」は自分の国から出たがらないという指摘である。そして、ベルナルドとマテオについて、私たちを大変よく助けてくれたと感謝の意を表し、「彼らは貧しい人」であるとその出生について一言触れている。

ザビエルは、この若い日本人の二人が、日本の文化と西洋の文化の違いをその目で確かめてくることは、きっと日本におけるキリスト教の布教に役立つだろうと述べている。そして、日本にやってくる神父たちと一緒に首尾よく日本に帰ってきて、西洋文化の実際を故郷の人びとに知らせてくれるだろうと手紙を結んでいる。だが、ザビエルの願望も空しく、この二人はついに日本に帰ることがなかった。そしてザビエル自身も、この手紙をしたためた八カ月後に、中国で生涯を閉じたのである。

三　ザビエルの遺志を継いだ宣教師たち

日本にやってきたイエズス会士の中では、ザビエルに次いで重要な役割を果たしたのがコスメ・デ・トルレスだった。トルレスはザビエルよりも九歳年上だったが、日本では終始ザビエルの補佐役として活躍した。そしてザビエルが渡日二年後に中国へ向かうべく日本を発ってから、その後継の日本布教長として山口と九州を中心に活躍した。彼は六十歳で長崎で亡くなるまで、布教の第一線で懸命に働いた。山口から豊後に赴いて大友宗麟の知己を得ると、府内に教会を建立した。さらに大村純忠に授洗して、長崎開港の計画を話し合った。約二十年間にわたって布教を指導し、日本におけるイエズス会の活動の基礎を固めたのはこのトルレスであった。

また、日本上陸後、あまり日本語が話せなかったザビエルにいつも同道して、その布教を助けたのが日本語にかなり熟達していたフェルナンデスだった。ザビエルの日本布教に同行することが決まると、アンジローたちから懸命に日本語を教えてもらったのだろう。学問好きのフェルナンデスは、初期の教会用語の日本語訳で先進的な役割を勤めた。最初はアンジローが教理問答書の日本語訳をやったのだが、仏教にも通じておらずキリスト教の知識もまだ付焼刃の域を出ないアンジローには、なかなか手に負えなかった。「デウス」を「大日如来」と訳すなど失敗が多かった。それを助けたのがフェルナンデスだった。一六〇四年に当時としては世界的にもすぐれた辞書である『日葡辞書』が長崎学林から発刊されたが、最初に来日した修道士として日本語理解の基礎を築いたのがこのフェルナンデスだった。

そのフェルナンデスは、ザビエルの離日後トルレスとともにおもに西九州地方で布教の最前線で働いたが、病気のため四十一歳で平戸で没した。

フェルナンデスのインド到着より一カ月遅れて、聖パウロ学院の新院長と三人の神学生がやってきた。その学生の中に、当時まだ十六歳のルイス・フロイス（一五三二〜九七）がいた。

彼はリスボン生まれで、少年時代は王室秘書庁で働いていたが、イエズス会に入って一カ月後にインドへ出発した。才能豊かで活発なこの少年は、ゴアの聖パウロ学院へ送られたのだ。その学院でアンジローら三人の日本人と出会ったのだが、彼らからいろいろ日本の話も聞いたに違いない。そのような偶然の出会いが、フロイスが日本伝道を志すきっかけとなった。

彼は六十五歳で亡くなるまであの有名な『日本史』を書き続けたが、若い時代から文筆にすぐれた才能を示していた。ゴアでアンジローに出会った時、彼は三十五、六歳だったと述べているから、フロイスより二十歳ほど年上だったことになる。フロイスは一五九七年に長崎の修道院で病没した。その遺骸は長崎の教会墓地に葬られたが、その後のキリシタン迫害によって墓地が破壊されたので、その遺骸がどうなったか不明である。

彼らを含め、いかにキリシタンたちが下層民とともに生きようとしたか、その詳細を次は、当時もっとも社会的弱者と考えられていたハンセン病患者の視点から見てみたい。

第七章

戦国期キリシタンの渡来と「救癩」運動

一　仏教における「救癩」運動の途絶とキリシタンの登場

日本の社会慈善事業の歴史において、鎌倉時代における叡尊《えいぞん》・忍性《にんしょう》らの「救癩」運動、すなわちハンセン病患者への救済活動は、特筆すべき事績として知られている。

彼らの活動は、平安期の貴族社会で盛んだった文殊信仰に基いていた。すなわち、文殊菩薩《もんじゅぼさつ》は貧窮孤独の衆生《しゅじょう》に姿を変えて、それを礼拝供養する行者の前に現われるという『文殊師利般涅槃経《もんじゅしりはつねはんきょう》』の所説によった信仰だった。毎年七月八日に救急料稲を割いて貧者病人に布施《ふせ》する「文殊会《もんじゅえ》」は、八二八（天長五）年の太政官符で諸国に令せられ、延喜《えんぎ》式で法制化されていた。このようにして、京都の東寺・西寺で王朝貴族の年中行事として「文殊会」が営まれていたのだが、律令国家の解体とともに衰退していった。

十三世紀に入ってそれを再興したのが、真言律宗開祖となった叡尊だった。真言律宗は空海を高祖とし、真言密教の奥旨を伝えることを本義としていたが、奈良の西大寺が総本山であった。

その頃、法然・親鸞・一遍らによる新興の民衆派浄土教、すなわち「悪人正機」「女人往生」を掲げて「一切衆生平等往生」を唱える阿弥陀信仰が、燎原の火のようにその教線を伸ばしつつあった。その勢いに押されて、天台宗・真言宗などの密教系旧仏教の影響力は減退していた。そのような新興仏教運動に対抗するために、叡尊は文殊信仰の再興によって、旧仏教の威信を回復しようとした。その一環として貧病者救済、特に世間から見捨てられて「非人」とされていた癩者たちへの慈悲行を実践したのであった。

これ以上はこの問題に立入らないが、業罰観念と種姓差別思想に基づく「非人」という呼称、さらには『非人施行《ひにんせぎょう》』という慈悲行の形態を含めて、叡尊・忍性の〈慈善救済〉の思想そのものに、運動が永続しなかった根本要因があった。その理念を発展的に継承する者もなく、運動は途絶えてしまった。そして南北朝から戦国時代に至る中世後期では、仏教徒による「救癩」運動は史料上では姿を消してしまう。

応仁の乱以来の相次ぐ戦乱によって、国土は荒廃し、多くの民衆が戦乱の犠牲となり、その日の糧に苦しむ貧民・窮民が絶えなかった。「天変地異」もしきりに起こり、水害・旱魃・地震なども相次いだ。度重なる社会的災害と自然災害は、民衆の生活環境をますます悪化させた。心身を病む者も多く、伝染性の疫病が各地で多発した。疫病の発病率は生活環境によって大きく左右されるから、特に貧しい下層の民に多くの病人が出た。専門の医薬術も治療施設も整っていない時代だったから、疫病にかかると悲惨だった。

「盲聾《もうろう》」や「疥癩《かいらい》之病」を天刑《てんけい》・天罰とする宿業観念は、平安期では朝廷貴族・権門寺社が集住する畿内にとどまっていたのだが、中世後期に入ると、しだいに地域の民衆社会にも浸透してきた。特に病状が悪化して異形とみなされていた「癩者」は、穢《けが》れ観念による触穢思想から不浄視されて、自分たちが生まれ育った地域共同体からも排除された。

重病人や老弱者を山に棄て河原に置去りにする「病棄て」「老棄て」も、まだ元気な家族だけでも生き延びるための最後の手段だった。国家の法も及ばず仏の慈悲からも見放され、頼みとする隣人もまた同じ境遇だったから、もはやどこからも救いの声を聞くことはなかった。

そのように多くの民衆が苦しんでいる危機的状況のさなかに、全く見知らぬ西洋からの新宗教が突然やってきた。一五四九（天文十八）年八月十五日、イエズス会の東洋布教のリーダーだったフランシスコ・ザビエルが鹿児島に上陸したのだ。そして各地に布教の拠点ができると、孤児・老弱者をはじめ、重病人や「癩者」の救済活動に乗り出した。途絶えていた社会慈善事業が、仏教にはみられなかった新しい方針によって開始されたのである。

先に述べたように、イエスは進んで貧しい窮民や罪人の家を訪れ、法で禁じられていた重病人や「癩者」の居住区に出入りして、彼らの心身を癒すべく努力した。「十二使徒」として知られているその直弟子には、ペテロをはじめ当時賤視されていた漁民も含まれていた。このようにイエスは、神の真の愛は、この世で苦しんでいる人びとにこそ注がれると説いて、自ら被差別民の側に身をおいたのであった。

そのようなイエスの宣教の原点に立ち戻って、その腐敗と堕落が糾弾されていたローマ教会内の戦闘的な改革派として、イエズス会は十字の旗を高く掲げた。従来の修道会の伝道のやり方を革新し、貧民や孤児の救済、病人の治療などの福祉活動、教育とは縁のなかった下層社会での学校の設立など、布教活動と社会的なボランティア活動とが表裏一体となった新しい宣教方針を立てた。したがって結成当初はローマ教会から異端視され、会長のロヨラも投獄されて宗教裁判にかけられた。だが、これこそが、短期間に信者が増大したひとつの大きな要因であるとも考えられる。以下にその詳細をみていく。

二　キリスト教の慈善活動

宣教師たちは戦争孤児の施設をつくり、各地で学校を建てた。生活困窮者や戦禍の犠牲者の救恤《きゅうじゅつ》活動も精力的に行った。

イエズス会は布教戦略の一環として、有力大名の入信にも力を入れたが、イエスの隣人愛の教えを実践するために、貧しい窮民の間で精力的に布教し、特に老弱者・孤児・病人の救済活動に全力を傾けた。漂泊の遊芸民や賤民層からの入信者も少なくなかった。

そのことは、布教の最前線で活動した日本人の布教師が、目の不自由な琵琶法師のロレンソ了西《りょうさい》、盲人のダミアン、遊芸民のトビアス、針売り行商人のマテウスであったことにも象徴されている。あとでみるように、最後まで信仰を守り通して殉教した者は四、五万人と推定されているが、その中には「癩者」もかなり含まれていたのである。〈天草・島原の乱〉で原城に拠って全滅した二万数千人の大半は貧しい農民と漁民の信徒だった。彼らはもはやこの俗世では救いはないと考え、天国でイエスの愛に抱かれることを望んだのだ。

イエズス会に次いで、日本で活躍したのはフランシスコ会だった。イタリアのアッシジに生まれたフランシスコ（一一八一～一二二六）は、自ら貧者とともに生活し特に世間から見捨てられていた「癩者」の救済運動でキリスト教史にその名を残した。この会はフランシスコによって、十三世紀に創立されたが、イエスの生涯にならってすべての私有権を放棄し、清貧と改悛の生活を送りながら貧窮者・重病者の救済を布教理念とした。

フランシスコ会は、京都・大坂・堺・和歌山・江戸など十カ所に宣教拠点を設け、七カ所に病院を建設しているが、その多くは救癩のための施設だった。迫害時代に入っても、フランシスコ会は特に東北地方での布教に力を尽した。

フランシスコ会の布教は、一五八二（天正十）年にやってきたペドロ・バウティスタ（一五四六～一五九七）から始まるが、来日した会士は総数で七十名である。そのうち「日本二十六聖人」のひとりとして、長崎の西坂の丘で十字架にかけられて殉教したペドロをはじめ、三十名が殉教して日本の土になった。

ザビエルが先に訪れたインドも近代に入ってもハンセン病の多発地域だったが、特に貧しい社会環境の下層社会の発生率が高かった。地域の共同体で面倒をみることができず、路頭に迷う患者が多かった。

ザビエルはインドのゴアに滞在中は、日曜日ごとに癩病院を訪れたと一五四二年九月二十日付のローマのイエズス会員あての書簡で述べている（『聖フランシスコ・ザビエル全書簡1』、一九九四年、平凡社東洋文庫）。

日曜日には町の外へ行き、サン・ラザロ（癩病院）の病人たちのところでミサを捧げ、この病院にいる患者全員の告解を聞き、聖体拝領をさせました。一度説教すると、彼らと非常に親しくなり、私を慕うようになりました。

そして孤児や病人など「助けを求めている人びと」の救済を実践している「慈悲の組」が、ゴアでも大きい役割を果たしていることをこの手紙で強調している。

このようにザビエルの布教の軌跡をたどってみると、この日本においてもイエズス会は、農漁村の貧しい民と卑賤視されていた人びと、それに孤児と癩患者に布教の重点をおいたことがわかる。

日本最初の外科・救癩病院を府内（現大分市）で開設したユダヤ系ポルトガル人のルイス・アルメイダ（一五二五〜一五八三）は、一五四八年にインドに渡って海商として活躍して財を成した。海商民としては成功したのだが、今後何を目標にして生きていくのか、心の中で悩んでいた。たまたまイエズス会士のＢ・ガーゴと同船して、その布教活動の実態を聞いて感銘を受けた。一五五二（天文二十二）年に来日すると、五五年には全私財を投じて府内に乳児院を開き、五六年にはイエズス会に入って、その翌年に救癩病院を建てた。かつて学んだ医学を生かして自ら治療に当たるとともに、日本人医師の養成にも努めた。子どもたちのためのカリキュラム、病院の施設や看護体制なども、残された資料によってその概要がわかっている。

その後、天草と島原を中心に布教して、八一年には司祭として天草地区の院長になったが、八三年十月に天草の河内浦で波瀾万丈のその生涯を終えた。〈天草・島原の乱〉で決起した天草の信徒の多くは、このアルメイダの教えを受けて入信した村人であった。大分県医師会の病院は、医師兼伝道者としてのアルメイダの仁徳と実践を高く称えて、アルメイダ病院と名づけられている。

三　「慈悲の組」による病院経営

悩める人びとを救うために、神はイエスをこの世に遣わした。その信仰に生きる人は、世の罪の贖《あがな》いのために神の愛にこたえねばならない。そのためには、信徒自らが苦しみ悩んでいる人びとへの愛、すなわち慈悲の行いを実践せねばならない――日本にやってきた宣教師たちはこのように説いた。

そのことは当時の教義書で、日本語綴りのローマ字で問答体で書かれた『ドチリナ・キリシタン』に明記されているが、その根本は「我身のごとく隣人を思え」の一句に集約されている。特に飢餓と病に苦しんでいる人びとへの愛が、慈悲の行いの最も重要な課題とされた。信徒たちは『ドチリナ・キリシタン』（『キリシタン書・排耶書』日本思想大系25）によってキリスト教の理念を教えられたのだが、今日読んでみてもかなり難解である。学問教育と縁がなかった当時の民衆が、そのすべてを理解することはむつかしい。それで信徒たちは、自分の守るべき信条として、「色身《しきしん》」（肉体）に関する七つの教えと、「すぴりつ」（精神）に関する七つの教えを暗記して心に刻み込んでいた。

○色身にあたる七の事。

一には、飢へたる者に食を与る事。
二には、渇したる者に物を飲ます事。
三には、膚《はだへ》をかくしかぬる者に衣類を与る事。
四には、病人をいたはり見舞ふ事。
五には、行脚《あんぎゃ》の者に宿を貸す事。
六には、とらはれ人の身を請くる事。
七には、死骸を納むる事、是なり。

「行脚の者」とは、諸国放浪・一所不住の乞食をさしている。病人をいたわり、捕われ人を助けて世話をせよと教えている。そして最後に、死にいく者の心の平安を祈って丁寧に葬送せよと言う。これらの教えを実践することが「隣人への愛」であり、神の愛にこたえる慈悲の行いとされていたのであった。

司祭や修道士などの聖職者だけでは、神の愛の証しである慈悲事業を広く実践することはできない。そのために、信徒の間で組織されたのが「慈悲の組」(Confrarias da Misericórdia)である。先にみたザビエルの書簡で、インドのゴアで「慈悲の組」が救癩活動に従事していることが知られるが、一五五七年にアルメイダが大分に建てた病院の実務を助けるためにまず組織された。

本格的に「慈悲の組」が組織されたのは、長崎・京都・堺など多くの信徒がいる都市であった。会員の中から役員が選ばれ、会則と団旗が制定された。孤児・寡婦をはじめ貧者への奉仕が主な仕事であったが、救癩活動も重要な任務だった。

イエズス会年報によって長崎での活動の実状を知ることができるが、一五八九年・九〇年度の年報では、会員が百二十人で、一週に二回は町に出て寄付金を募り、それを基金にして、老人と身よりのない寡婦、そして「癩者」のため――この三者のための病院を経営していると報じられている。一六〇二（慶長七）年に長崎の「慈悲の組」からイエズス会総長に出した手紙が残っている。そこではすでに三十二年が経過しているとあるから、一五七〇（元亀元）年の長崎開港の年に創立されたのである。七人の役員の署名があるがいずれも長崎の町運営の有力者だった。

この慈悲組は、やがてキリシタン弾圧の際に強い結束力を見せるが、それについてはあとで詳しく述べたい。いずれにしても、戦国末期の仏教の教えでは救うことができなかった「棄てられしもの」であった「癩者」の救済という点で、キリスト教は大きく寄与していたことがおわかりいただけたのではないだろうか。

第八章

オランダの台頭

一　躍進するオランダ

十六世紀後半、ポルトガル・スペイン両カトリック王国のヘゲモニーのもとに遂行された《大航海時代》は、十七世紀に入る頃からかなり様相が変わってきた。すなわち、オランダ・イギリス・フランスなどヨーロッパの新興国が、強力な艦隊を編成して相次いで海外へ進出するようになってきたのである。そして、一六〇〇年頃を画期として、大航海時代の前期と後期における主役の交替劇が、舞台裏で進行していたのである。

この交替劇は、同時代に進行した《宗教改革》とも深く関わっていた。すなわち、西洋キリスト教世界における〈プロテスタンティズムの興隆〉と〈カトリシズムの退潮〉という、西ヨーロッパにおける新しい時代の流れが大きくそこに投影されていたのであった。

あとで詳しく見るように、十六世紀中期に初めて日本にやってきた西洋勢力も、ポルトガル・スペイン両カトリック王国から、十七世紀に入ると新興プロテスタント国家オランダと入れ替わる。もちろん、強力な布教体制を持つカトリックを嫌った徳川幕府の政治的意志によってその交替がなされたのだが、その背景として以上のような宗教情勢の変動があった。そして、西洋だけではなく東洋においてもその交替劇が進行していたのであった。

十六世紀後半、ネーデルランドは、西欧における当時の最強国であったスペインの統治下にあった。一五一七年にドイツで始まった《宗教改革》はすぐにネーデルランドに波及し、今日のオランダ南部の諸都市を中心にカルヴァン主義が急速に拡がっていった。ローマ・カトリック教会の一元的支配を維持するために、スペイン国王はこの新教運動を禁止した。

この抑圧政策に対して、各地で新教徒の反乱が始まった。スペイン国王は直ちに軍隊を派遣して弾圧を加えたので、ついに「八十年戦争」が開始された。しかし、そのような抑圧に屈せず、新教徒側は強力な抵抗運動を組織した。そして、北部七州は一五七九年にユトレヒト同盟を結成し、二年後の八一年にはスペインに対する独立を宣言し、一六〇九年にはスペインとの間に十二年間の休戦協定を締結して実質的な独立を達成した。

このようにしてスペインの支配から離れたネーデルランドは、ローマ教会の支配から脱してプロテスタントが多数派を占める新興国・オランダとして独立した。そして、それまで培ってきたバルト海貿易を基礎にして、西欧諸国との間の中継貿易を発展させ、さらに一六〇二年にはオランダ東インド会社を設立して、東洋への本格的な進出を開始した。

オランダは、一世紀にわたってインドを支配していたポルトガルとの武力衝突を避けるために、インドを素通りして真っすぐに今日のインドネシア海域を目指した。そしてスマトラ島からさらにジャワ島へ進出し、ついにバタビア（現ジャカルタ）に強力な橋頭堡を築いて東洋進出の拠点としたのである。そしてポルトガル・スペインの両カトリック国を抑えてマルク諸島を支配するようになり、アンボンやテルナテも手中に収めた。

かくしてオランダは、香料貿易を独占するとともに、綿・茶・コーヒー・砂糖などインドネシア諸島の豊かな物産を西洋へ運ぶことによって巨万の富を得るようになった。そして、ヨーロッパで最も富裕な商業国家となった。その余勢を駆って、十七世紀中期には、アメリカ大陸への進出に全力を挙げた。

そのような時代転換を促した一つの契機となったのが、リンスホーテンの『東方案内記』だった。世界史の動向にいささかでもインパクトを与えることができた書誌はそんなに数多くはないが、本書はまぎれもなくその一冊だったと言えよう。その意味では「大航海時代叢書」（岩波書店）の一冊として、詳細な解説と注を付して一九六八年に日本語訳が刊行されたことの意義は大きかった。

この書物の内容であるが、（一）イベリア半島からアフリカの喜望峰を回ってゴアへ到る航海記、（二）インドの南西部海岸を中心とした在地の諸民族の文化・民俗・慣習についての見聞記、（三）五年あまり滞在したゴアについての現地報告、（四）東南アジア・シナ・日本などの歴史的、地誌的紹介、（五）香料・薬草・宝石・真珠など主要な交易商品に関する科学的な紹介——この五つから成り立っている。

特に（一）（二）（三）の部分は、自らの体験と見聞をもとに記した実録である。大航海時代の数多い旅行記・案内記の中でも出色のルポであり、第一級の史料と言えよう。彼は独力で数多くの言語を修得しながら、医学・薬学・植物学・博物学・海事学まで勉強した努力の人であった。

二　ゴアで五年間生活したリンスホーテン

リンスホーテンは、一五八三年から八八年まで約五年間ゴアに滞在した。日本から帰国したザビエルが、中国大陸へ赴くために最後の航海にゴアを旅立ってから、すでに三十年あまりが経っていた。何と言っても本書の白眉は、当時東洋最大の植民地都市「黄金のゴア」の内実を活写した部分である。

この実録は、「全インドならびに東方諸国のメトロポリス」であったゴアの都市生活の詳細なルポにとどまってはいない。その鋭い筆法で、ポルトガル帝国の植民地経営の実態、ポルトガル領インド社会の腐敗した内実を完膚無きまで暴いて見せたのである。いくらか実例を挙げておこう。

その三十二章では「副王と、その統治」について述べているが、副王と呼ばれた総督をはじめ、官憲・役人から下級の兵士に至るまで、ポルトガル国王が派遣した支配権力はすべて汚職と搾取でもって腐敗の極に達し、贅沢三昧の自堕落な生活を享楽していると断じている。

まさに糾弾と言えるほどのきびしい筆鋒である。

ポルトガル領インドについての全権を握っていて三年間で交替する総督、すなわち「副王」は、一年目は邸宅の補修と現地情報の収集、二年目は財宝の収集と個人的利益の促進、三年目は掻《か》き集めた財宝を隠し持って無事に帰国する準備に追われる。あちこちの砦を守っている長官や役人もすべて同じである。艦隊に乗り組んでいる兵士たちも、上陸して町にいる時は、奴隷や雇人に傘を頭上にさしかけさせて威厳を保って通りを歩いている。

このような副王を頂点とした官憲・役人・兵士たちのやりたい放題で無責任な統治に対して、インドの住民やキリスト教徒の一部は不満を訴えているが、そのような情報はポルトガル国王のもとには届いていない。国王は「為政者らのごまかしの報告」を受け取っているだけで、何も実情を知っていない。したがって事態の改善はとても期待できないとリンスホーテンは断じている。

このような植民地経営の腐敗は、実はポルトガルのインド進出当初からのものであった。あとで詳しくみるように、ザビエル自身も、一五四八年一月二十日付のコーチンからポルトガル国王ジョアン三世にあてた書簡で、「総督の悪行は目に余るものがある」ときびしく批判していたのである。

さて、リンスホーテンは二十八章から三十二章までをポルトガル人の植民地生活の実態報告にあてて、一時が万事こんな具合であると口を極めてその腐敗堕落ぶりを非難している。例えば三十一章の「ポルトガル人女性およびメスティーソ（混血）女性の風俗、習慣について」の記述では、その淫蕩で放縦な性生活が徹底的に暴露されている。

すなわち、「女たちは、きわめて好色で、不貞である。れっきとした夫をもちながら、なおかつ兵士と称する連中を一人か二人情夫にしていない者はほとんどない。」密通も常習であって、「時ならぬ夜ふけに女奴隷や売春仲介人に手引きをさせ、塀、垣根や屋根越しに誘い込む。」そして、ドゥトロアという薬草を使って夫の意識をもうろうとさせて、「夫の面前で愛人と存分に情欲を満たす」

彼女らはほとんど働かず、外出することはめったにない。外での用事はすべて奴隷に命じてやらせる。教会に行く時や訪問する時は、豪華に盛装して金や宝石で飾り立てる。衣服は緞子・ビロード・金襴で仕立ててあって、布や筵で覆いをした輿に乗って行く。これでもカトリック教徒なのかと思わせるような光景が実にリアルに描かれている。

三　ゴアの市民生活と奴隷

さらに注目されるのは、ゴアの市民生活の多くの部分が奴隷労働によって成り立っていることが、本書では詳しく述べられていることである。既婚のポルトガル人には、二、三十人も奴隷を抱えている者がいる。「男奴隷や女奴隷が毎日家へ入れる稼ぎによって、かれらの主人は裕福に暮らしていくことができる」そして、奴隷の使役についても多くの実例が挙げられている。

町の目抜き通りでは、日曜・祭日を除いて毎日午前中は市が立って競売が行われていた。アラビア馬・香料・薬種・絨緞などが盛大に売られていた。それらの商品と同じように、まるで「動物を売るように」老若男女の奴隷が毎日朝の市で売買されていた。「自分の好みに応じて、その中から好きなのを好きな値段で選り取ることができる」のであった。

ポルトガル人の結婚式はローマ教会の儀式通りに行われたが、新郎新婦は豪華に飾り立てた輿に乗っていく。そのあとに「男奴隷や女奴隷が、猟犬みたいにぞろぞろとつきしたがって歩いたのであった。

インド布教で先進的な役割を果たしてきたイエズス会についても、副王の権力と癒着して利得行為に走っているとリンスホーテンはきびしく批判している。二十六章では、彼が実際にゴアで目撃した日本の天正少年使節団について、遠い日本からローマまで四人の少年使節を派遣したのは、純粋な宗教的動機によるものではなくて、日本における布教権を握っているイエズス会の売名行為にすぎないと述べている。盛大な行列を仕立ててローマまで連れていったのは、それによって利得と名声を獲得するためであって、「ヤポン（日本）のプリンスたちがもらった多大の贈物をかれらはみんな横取りしたではないか」と非難している。

また新任の副王がゴアに着任した際にも、同盟を結んでいる周りのインド諸侯からもさまざまな豪華な贈物が献上されることが慣習になっているが、このような贈物もイエズス会が横取りしていると三十二章で指摘している。

四 『東方案内記』の及ぼした思想的波紋

そもそも彼がネーデルランド生まれでありながら、大司教の書記としてゴアに行くことができたのは、一家が熱心なカトリック信者だったからである。

しかし、一五九二年に彼は故郷に帰ってから、しばらくたってカルヴァン派に改宗した。新教徒が圧倒的に多いオランダで活躍するためには、転宗もやむをえなかったという見方もできる。だが、私は、彼のカトリシズムの棄教はむしろ必然的だったと思う。その答えは、『東方案内記』の記述の中にはっきりと示されていたのである。聡明で人一倍努力家だったリンスホーテンは、ゴア滞在の過程で、カトリック王国ポルトガルにはもはや新しい世界を構築していく力がないことを見て取っていたのである。

そして、一五九五年から翌年にかけて『東方案内記』『ポルトガル人航海誌』『アフリカ・アメリカ地誌』の三部作を出版した。彼の書物がもたらしたアフリカ沿岸と東洋海域に関する新情報は、自分でも予期していなかった大きな波紋をキリスト教世界に拡げることになった。

その第一は、ポルトガルとスペイン両国に独占されて、これまで隠されてきた東方世界各地の地誌と現状が、初めてオランダに紹介されたことにある。この書物は、オランダの東方進出を促す大きなきっかけとなった。

第二は、この書でアフリカ回りの東洋への船団航海の実状が紹介されているが、その詳細な海事学的記述が、船団を派遣する有力な手がかりとなったことである。もともと陸地が狭くて海へ進出する以外には社会生活を発展させる方途がなかったネーデルランドは、海運とは深い関連があった。その当時すでにかなりの船舶と船員を保有し、遠洋航海の技術も備えていたので、航海の情報さえ入手できれば大船団を送り込むことは可能だった。ネーデルランドでは、従来も北海・バルト海貿易に力を入れていて、北方航路による東方への進出を計画して実際に北方探検も実施していた。だが、東方への航海の新情報が入手できたので、アフリカ回りで東洋に進出する体制がようやく整ったのであった。

第九章

賤民制の推移

一「下人」「非人」「河原者」の三系列

オランダが台頭しはじめたころ、日本では織豊《しょくほう》時代と呼ばれる政治的な安定期に入り、身分制度に変化が見え始めた。

世にいう戦国時代とは、応仁《おうにん》の乱（一四六七～七七年）から、織田信長による室町幕府十五代将軍足利義昭の追放（一五七三年）までのおよそ百年を指す。この百年間は、絶え間なく戦乱が続いた激動の時代だった。戦国大名は各地方に割拠《かっきょ》して、それぞれ領地拡大を目指して激しく争っていた。

下克上の気風がみなぎっていた戦国時代は、ヤマト王朝が制定した身分制度はもはや完全に形骸化していた。天皇・貴族にしても、法制的にはその身分はともかくも保たれていたが、実質的にはその権威は武士権力によって踏みにじられていた。

民衆の間でも、古代からの《貴・賤》観はもはや通じず、高貴な身分に対する畏敬の念は地に堕ちていた。そして室町期に入ると、儒教的な《貴・賤》観よりも、ヒンドゥー教の影響を強く受けていた密教の《浄・穢》観が、しだいに広がっていったことはすでに述べた。

高貴とされた身分がそのような状態であったことから、卑賤とされた身分のあり方もきわめて流動的だった。底辺層から出て戦国大名や地方豪族にのし上がった者も各地にいた。全国的に統一された戸籍や土地台帳はなく、法的規制としては賤民制は存在していなかった。各地の戦国大名を制圧して、織田・豊臣政権はついに天下の権力を手中にした。そして矢継ぎ早に、上からの政治改革と新経済政策を実施していった。

世に「織豊《しょくほう》政権」と呼ばれたが、一五六八（永禄十一）年の信長入京から、一六〇〇（慶長五）年の関ヶ原の戦までの約三十年間である。信長は一向一揆との対決を重視し、中世社会の一揆的な構造の解体に全力を傾け、近世的な統一政権を形成する基礎を築いた。

豊臣政権は全国的に「太閤検地」を実施し、一地一作人制によって荘園制を完全に解体した。そして石高制と社会的分業に基づく「職分」の原理によって、近世的身分制度を確立していった。

そのような大変動期にあって、各地方の民衆生活も大きく変化していった。当時の村落や都市の共同体に残っていた中世的な旧秩序も、大きく変化し始めた。「刀狩り」「海賊停止令」「身分統制令」を相次いで発令し、〈兵・農〉分離・〈兵・漁〉分離・〈町・在〉分離を中心とした、上からの強引な社会改革によって、民衆社会は農民の〈地方《じかた》〉、商人・職人の〈町方《まちかた》〉、漁民などの〈浦方《うらかた》〉というように区分されていった。

そのような社会的変動は、特に天正中期から慶長初期の期間（一五八〇〜九九）、その二十年間に集中的に現れている。各地方に散在していた賤視されていた人びとも、このような社会体制の急激な変化の中で、しだいに新しい支配権力による民衆統制の枠の中に囲い込まれていった。一五八二（天正十）年から実施された太閤検地は、その大きい画期となった。

さて、中世後期において、賤視されていた人びとは、通常は「下人」と「非人」の二系列に大別される。しかし、「非人」はきわめて多義的であって、簡単に定義することはむつかしい。それで私なりに大ざっぱに、（一）下人、（二）非人、（三）河原者の三系列に分けて考察することにしよう。

（一）下人――律令制解体以後、在地村落社会の変動の中で形成されてきた下層の被支配身分を総称して「下人」と呼んだ。実際には多様な形態で存在し、各地方における実情もかなりの異同があった。したがって簡単に定義づけることはできないが、おもに主家に隷属してさまざまな雑事や補助労働に駆使された下層の民であった。一口で言えば、身柄を主人に所有されて人格的に拘束されていた「奴《ぬ》婢《ひ》僕《ぼく》従《じゅう》之徒」である。鎌倉幕府法では、下人は「奴婢」と規定され、譜代の下人は主人の財産の一部とされ、譲状《ゆずりじょう》によって譲与処分の対象となった。

これらの「下人」層に対する差別意識は、明らかに旧来の《貴・賤》観によるものであった。したがって、律令制的な身分制度が実質的に解体してしまうと、彼ら下人層が自らの努力で脱賤化《だつせんか》していく道は開かれていた。逃散《ちょうさん》・訴訟によって主人からの解体を目指す動きもしだいに活発になった。戦国時代に入ると、この層から出た農民が自分の土地を耕作して、隷農《れいのう》の身分から脱した者が各地にみられた。

しかし、戦国時代のころは、全国でも辺境とされていた地方や瀬戸内海や佐渡など島嶼部では、かなりの数の「下人」がいたのである。

（二）非人――「下人」とならんで、中世の多様な被差別民の総称として「非人」が用いられているが、両者の範疇は明らかに異なっている。すなわち、「下人」は《貴・賤》観にもとづく差別呼称であったが、「非人」の場合は、むしろ《浄・穢》観が色濃く投影された差別呼称だったと言えよう。

「非人」は、狭義では、「癩病」（ハンセン病）などの重病や家庭の崩壊などによって、世俗社会では見捨てられて生きていけなくなったが、まだ生への執着心を失わない脱落者を指した。つまり、「世ニ捨テラレテ世ヲ捨テヌ」（『沙石集』）人びとの集団であった。

当時の仏教思想では、〈前世の業《ごう》〉ゆえにこのような悲運に見舞われるとされていた。「濫《らん》僧《そう》」「非人法師」「乞食」などと呼ばれ、法体《ほったい》で勧進《かんじん》などによって生活する者もいた。清目や葬送に従事する者もいたが、それは前世の悪行を償う滅罪の行為とみなされた。

彼らは、宿業に苦しむ哀れな非人層として、宗教的救済の対象とみなされて、非人施行《せぎょう》も広く行われた。非人層は、食物や施物を請い求めるために特定の坂・宿・野・路などの〈乞《こ》場《ば》〉に集住して、非人集団を形成していた。そして、仲間の頭であった長吏法師に統率されていた。

十三世紀の奈良坂非人と清水坂非人の抗争で知られているように、武装した非人集団もあった。彼らの一部は検非違使《けびいし》庁《ちよう》の管理下にあって、警吏や刑吏の手先として使役された。

中世も室町期に入ると、寺社権門の散所に住む「散所法師」が多くなった。彼らも広い意味では非人とみなされて卑賤視されたが、声聞《しようもん》道と呼ばれた仏教的色彩の濃い雑芸能《ぞうげいのう》、土木工事や馬借・車借などで暮らしをたてた。もともとは貢納《こうのう》義務のない非人身分であったが、寺社権門に直属して集住を認められて雑業に従事した。その代わりに、一定の〈課役〉を負担するようになった。その場合は、たんなる世捨人ではなく、社会的な生産者として俗事に積極的にかかわって生きていくことを意味した。

（三）河原者――狭義の「非人」と区別して、ここであえて「河原者」という系譜を取り上げる。河原者・穢多・細工《さいく》・庭者《にわもの》などと呼ばれた人びとが、この系列に入る。彼らも広義では中世非人とされていた。

先にみた世俗社会からの脱落者としての狭義の「非人」は、社会的生産の体系には組み入れられなかった。だが、この河原者系譜はそれとは違って、当時まだ未発展であった社会的分業の中で、一定の積極的な役割を担った人びとである。

ここで言う「河原者」も、〈不殺生戒〉を犯しているので、朝廷が仏法に基づいて定めた社会的規範《きはん》に抗して生きた人びとであった。つまり、法然や親鸞が「悪人正機」説で説いたところの悪人であり、「屠沽の下類」と呼ばれた下層民である。

彼らは、屠児や穢多としてさげすまれていたが、獣類の皮剝ぎと皮革加工のすぐれた技術を持っていた。当時の皮革は、貴賤のいかんを問わず誰もが用いた高価な必需品であり、また武士権力が軍需品として重用したから、産業上でも重要な位置を占めていた。太鼓をはじめ宗教儀礼に欠かすことのできぬ楽器にも用いられた皮革作業には、流水が必要なので、それらの職人は河原に住むことが多かった。

河原者は交通にも便利な河川敷に住んでいたから、船や牛馬による運輸交通の面でもいろんな役割を果たした。渡河の際の渡守《わたしもり》などにも従事した。

庭者と呼ばれた「山水河原者《せんずいかわらもの》」が、有名な善阿弥の一家に代表されるように、銀閣寺をはじめ室町期の名庭園の造園にかかわった。彼らは天地の吉凶を占う陰陽道にも通じていたのである。河原者の一部がさまざまな雑芸能の担い手として、室町期以降からしだいに芸能の分野に進出していったこともよく知られている。

河原者はまた、築堤や石垣積み・池掘り・井戸掘り・小屋掛けなどの土木作業のすぐれた技能の持ち主だった。河原者は草履や金剛《こんごう》などの履物、篭《かご》や箒《ほうき》などの竹製品の製作にもすぐれ、京都では賀茂川の河原で藍《あい》草の栽培をやるなど、商工業のいろんな方面に進出するようになった。このような産業の諸領域への積極的な進出にもかかわらず、貴族など支配層から屠児・穢多と呼ばれた河原者は、《浄・穢》思想によって、中世非人層の中でも堕地獄《だじごく》を免れぬ「悪人」とみなされていたのであった。

結論を言えば次のようにまとめられるだろう。

第一系列の「下人」は、主人・奴婢という律令制的な古い隷属関係の名残りであって、ケガレ観によって不浄視されていたわけではなかったから、その自助努力で脱賤化する道が開かれていた。実際に彼らの多くは、しだいに独立自営農民として自立していった。

第二系列の「非人」の中でも、俗世から見捨てられた重病人や乞食などは、社会的落伍者として慈悲と救済の対象とされたが、仏教の宿業観によって、のちのちまで差別され、その一部は「近世非人」の系譜の淵源となった。ただし、雑芸能や陰陽道などに従事した散所系の非人は声聞師《しょうもんじ》と呼ばれて、近世の「宿」(夙)に連なる独自の系譜を形成し、さまざまの芸能や民間信仰の領域で活躍した。

第三系列の「河原者」は、社会的生産者としては積極的な役割を担ったにもかかわらず、彼らは〈不殺生戒〉を犯し仏法に従わぬ「旃陀羅《せんだら》」の一党と呼ばれていた。

このように、これら三者に対する差別観は、明らかに違っていた。中世中期からの《浄・穢》思想の広がり、特に密教と神道が説いた触穢思想によって、特定の職業に対する不浄観が広まってきたが、そのことはこの第三系列に対する差別を強めることになった。そして、近世に入ると、インドのカースト制において、身分外《アウト・カースト》の身分とされた「不可触民」に類似した差別を、しだいに受けるようになった（インドの「不可触民」制と日本の穢多身分との差別形態の類似性については、沖浦「インドのカースト制と日本の部落差別」アジア・太平洋人権情報センター編『地球規模で捉えるカースト差別・部落差別の今』二〇〇三年を参照）。

次の節でみるように、近世の賤民制の中心となる「かわた」から「穢多」への系譜は、明らかにこの第三系列に連なる人びとであった。ケガレ思想にもとづく不浄観でもって、彼らは仏の慈悲も及ばぬ「悪人」とされ、清目役をはじめ、警固役や行刑役を役負担として担わされるようになった。そして、近世賤民制における「非人」の系譜に連なるのは、おもに先にみた第二系列であった（なお中世非人に関する論争史については、拙著『「部落史」論争を読み解く』を参照）。

しかし、十六世紀末の太閤検地段階の卑賤視された人たちが、のちに元禄・享保のころから全国的に制度化される「穢多」「非人」「雑種賤民」層と、そのままずっぽりと重なっていくわけではない。

二　太閤検地に出てくる賤民

一六〇四（慶長九）年八月豊臣秀吉の七回忌にあたって豊国神社臨時祭が催されたが、その施行に「乞食・穢多・皮剥・諸勧進之聖《ひじり》、異類異形、有雑無雑《うぞうむぞう》」が多数集まったと記録にある。先にみた第二系列の「非人」と第三系列の「河原者」系が雑然と並べられているだけで、まだはっきりした近世的な分化はみられない。

十六世紀末の「かわや」「かわた」「かわら」「さいく」「坂の者」と、のちの「穢多」が系譜的につながっている場合が多い。各地方によって実情が異なるので一概には言えないが、在地村落社会においては、通婚や日常的交流では忌避されていたとしても、村々の共同体において、彼らは、なくてはならぬ役割、つまり社会的分業の一端を担っていたという側面を忘れてはならない。

十七世紀の前半に、各藩が実施した一地一作人にもとづく検地帳をみても、「かわや」「かわた」「かわら」「さいく」などの肩書きが付されてはいても、高持《たかもち》の本百姓やその他の諸職と混在して記載されていて、彼らだけが別帳化されることはなかった。居住地も混在している場合が多かった。触穢思想によって差別されていくのはもうすこし後代になってからである。

ケガレに触れただけでケガレが伝染するという極端な触穢思想は、王都のある畿内を中心に広がっていたが、辺境の地ではまだ民衆の間ではそんなに浸透していなかった。当時は、一度飢饉がやってくるとたちまち死の恐怖に襲われる時代だった。したがって、〈不殺生戒〉にもとづくケガレなどを気にしていたら、下層の民衆はとても生きていけなかった。下層民にとっては、手に入る獣肉や魚はなんであれ、まことにありがたいタンパク質の補給源であった。そして獣皮は、所有物の中では最も貴重な物であった。農民でも、捕った獣類を自分たちで解体して皮や肉を利用していたのだ。獣や魚が手に入れば喜んだのであって、〈不殺生戒〉などのキレイゴトは、彼らにとっては馬の耳に念仏だった。

農民たちが周りの山野の鳥獣狩りや川魚漁などにしだいに手を出さなくなるのは、十八世紀に入るころからである。耕地の拡大、農機具の改良、肥料の良質化などによって農業生産力が上昇してきたからである。そして、商品流通市場の全国的な整備を基盤として、近世的な分業システムがしだいに確立してくる。

そうなってくると幕藩権力の支配体制の整備とともに、《浄・穢》観がしだいに民衆社会に浸透し、生活習慣や宗教的感情としてケガレ観が定着していく――このような社会的諸条件のもとで、十七世紀後半に入る頃から、いわゆる「穢多・非人」制が各地方で実質的な賤民制として制度化されていったのである。

三　王都近国と辺鄙《へんぴ》な地方

卑賤視されていた河原者など下層民の中でも、努力して土地を取得して、農民化していく者が少なくなかったことは、史料によってかなりの事例が知られている。商品を背負って売り歩く行商人になる者もいたし、馬借や車借、あるいは船頭として交通関係の仕事に従事する者もいた。在地の土豪の傭兵になって、武士化していく者もいた。特に室町期に入ってからの社会的分業の新しい展開と流通市場の発展、それにともなう貨幣流通と商品経済の拡大が、下層民の自助努力を可能ならしめたのである。

戦国時代、畿内の先進地から遠く離れた地方では、王都のある畿内と違って、地域の村落共同体における賤視観はそんなにきびしいものではなかった。鳥獣を捕ってその肉を食い、皮を利用しても、触穢思想によって差別されて村落から集団的に排除された事例は、私のみた限りでは史料には出てこない。農山村や漁村にしても、死穢については王都にみられるように過敏ではなかった。つまり、ケガレ観念や殺生禁断思想は在地社会ではまだあまり浸透していなかったのである。

家康が将軍になって江戸の幕府を開いた翌年、一六〇四（慶長九）年八月、家康は豊臣秀頼とともに、秀吉を祀る京都豊国神社の臨時大祭を行った。その際に施行をしたが、「乞食、非人、鉢拱《はちたたき》、唱聞師《しょうもんじ》、猿つかひ、盲人、居去《いざり》、腰引、物不云《ものいわず》、穢多、皮剝、諸勧進ノ聖」などが数多く集まった（「豊國大明神臨時祭日記」）。近世初頭で卑賤視されていた人びとが、「異類異形」（普通とは違った様相の人びと）「有雑無雑《うぞうむぞう》」（雑多なつまらぬ人びと）としてひとまとめにして記述されている。これらの多くは、後に穢多・非人あるいは雑種賤民として近世賤民制に組み込まれていくのだが、その当時は、まだ分類の規準も明確でないままにこのように羅列されていた。天正から慶長年間にかけての過渡的な流動期では、浄穢観に基づく特定の身分集団としては、法制的にはまだ把握されていなかった。

このように卑賤視されていた人びとは、在地の支配的権力によってどのように把握されていたのであろうか。結論から先に言えば、王朝貴族や権門寺社が強い影響力をもっていた畿内などの先進地と、血なまぐさい戦乱の世を生き抜いた土豪や地侍が実権を握っていた地方とでは、事情がかなり異なっていた。王都近国と、支配権力の直接的な影響力があまり及ばない辺鄙な地方とでは、血統・種姓についての観念や殺生に関わる不浄観も決して同じではなかった。『延喜式』に出てくるような極端な触穢思想は、王都とその近国を除けば、在地社会では一部の名主層を別にすればまだそんなに浸透していなかった。

朝廷が布告した殺生禁断令や触穢思想が習俗としてかなり早くから定着していた畿内と、そこから遠く離れて生産力も低く社会的分業も未分化な地方では、「悪人＝屠沽《とこ》の下類」と呼ばれた人びとへの差別意識もかなり違っていたのである。

例えば武家勢力が支配していた東国と、朝廷貴族の権威がしだいに形骸化しながらも依然として残っていた西国とでは、殺生に関する罪悪感や死穢・血穢など触穢思想の広がりもかなり違っていた。殺生禁断やケガレの観念が東国に浸透してくるのは鎌倉幕府成立以降である。鎌倉幕府が積極的に京都の文化を導入して鎌倉を中心的都市として発展させる過程で、殺生禁断の制を掲げ、放生会《ほうじょうえ》を行い、非人施行などを実施していったのである。

殺生を罪業とし死穢を極度に忌避するような慣行は、古い時代からの狩猟文化の伝統が色濃く残っている在地の民衆社会にはなかったのだが、それが王朝貴族によって支配文化の中に取り込まれていくにつれて、殺生を罪業とみなす観念が、王都から地方へ、上層身分から下層身分へと広がっていったのである。

その問題について伊藤喜良は次のように指摘している（『日本中世の王権と権威』）。そのような殺生禁断思想は「支配思想として都市貴族から都市の民衆へ、都市から農村へ、西国から東国へ」と拡散していた。しかし南北朝動乱後においてもいまだ東国と西国との間にそのことについて認識の差があり、「東国においては殺生を罪悪とする思想は確立していなかった」。平安期に戦場で戦う兵として現れてきた武士は、「屠膾《とかい》下類と賤視され、殺生・殺人を職能とする集団」であった。このような伊藤の指摘は重要である。もともと武士は、貴族からすれば、殺生をやって肉を食う下類であるとみられていたのであった。

武士が支配する東国でなくても、水田・畑作による穀物類の生産力が低い地方では、やはり事情は同じであって殺生禁断思想は受け入れられていなかった。戦国時代から近世初頭にかけての農耕生産力の低い地方では、獣や魚が手に入れば喜んだのであって、それを食べる際も格別の不浄観はもっていなかったのである。

四　戦国大名と賤民統制

徳川新政権は、まず幕府成立当初に、天皇・貴族そして武家と寺院――この三つの中世以来の支配的権威に対して、その職分と格式を明示して身分統制ともいうべき「法度《はっと》」を公布した。百姓や町人に対しては、御料（天領）や私領（各藩）においては、その都度数多くの「定《さだめ》」「触《ふれ》」などを村役人や町年寄などに発令して社会的統制を実施してきたのであった。

ところが卑賤視されていた階層については、なんらの法的規制がなされていなかった。慶長・元和・寛永の約四十年間は、各地方の戦国時代からの地域社会の実情に基づいて、各藩がそれぞれの方針で賤民統制を実施したのであった。

というのは、群雄割拠時代の戦国大名の領国支配の方式は、それぞれの地域の自然風土・民俗慣習や経済的基盤などの相違に基づいて、それぞれに独自性があった。

各領国の基本法として制定された「分国法」には、その地方の独自性が投影されていた。「国衆」「国人」と呼ばれた土豪・地侍を抱えて家臣団を編成し、領国民すべてが担うべき課役を「国役」と称したのである。十五世紀末から十七世紀初頭までの日本は、実際のところは、分権制を基本とした「地域的国家」の連合体であった。

戦国大名は、農民・職人・商人・漁民などそれぞれの職能に応じて課役を割り当てて、その集団ごとに統治していった。その場合、領民の生活の再生産の糧《かて》となる五穀を生産し人口においても多数を占める農民の処遇を中心に統治したのである。何よりもまずいかなる課役を担い、どのような租税を収められるのか、土地や家屋敷があるのか、その領国支配においてどれだけ役に立つ職能に従事しているのか——それらの問題が領国統治の主眼点だった。特定の職能を卑賤視する「身分観念」を基本にして領民を統治したのではなかった。殺生を罪悪視し死穢を極度に忌避する宗教的観念でもって、血なまぐさい戦乱が続く乱世の時代を統治できるわけはなかったのである。

地方の農村でも、朝廷貴族や権門寺社が支配していた荘園制の地域と、土豪や地侍から成り上がった在地領主が支配していた地域とでは、殺生禁断や肉食・五辛の禁止など浄穢観の浸透の度合いもかなり違っていた。

武士にしても、将軍と主従関係を結んで相伝の所領・所職を安堵《あんど》された御家人《ごけにん》と、その由緒もよく分からず山賊や海賊と紙一重の存在であった「悪党」系の武士とでは、生き物の殺生やケガレ観念についても、やはり違っていた。中世では、荘園内の反領主的荘民の集団は、しばしば狼藉《ろうぜき》を働いて権力に抵抗したので、「悪党」と呼ばれた。

「かわや」「かわた」と呼ばれ生皮を集め皮革加工を行う職人にしても、鍛冶・番匠《ばんしょう》（大工）・石切などの職人と同じく、軍事目的にとってきわめて重要な職人であった。後北条氏や今川氏の「かわや」掌握にみられるように、職人集団の棟梁《とうりょう》（頭）を定めて統制していったのだが、賤民として身分的に把握するところに重点があったのではない。命がけの殺戮を繰り返している戦国大名にとって、「かわや」「かわた」を賤民にして村落共同体から排除するというような観念は、頭の中になかったのである。それよりも、いかに良質の皮革を大量に確保するかということが焦眉の急であった。戦乱に明け暮れる武士は、皮や肉のケガレ、死穢や血穢を云々《うんぬん》していたのでは仕事にならなかった。戦国時代末期から近世初頭にかけては、各地方によって状況が異なるので画一的には言えないが、これらの「かわや」「かわた」も、在地社会では特別に卑賤視されて隔離されるようなことはなく、住民すべてがお互いに持ちつ持たれつの関係にあって一緒に暮らしていた場合も十分に想定される。

貧しい地方の村々では屠殺や皮剝ぎなども、特に忌むべきものとされていなかったのである。特に畿内などの先進地から遠く離れた地域社会では、皮や肉にまつわる仕事や漂泊の「道の者」を不浄観念に基づいて差別する習俗はまだ一般化していなかった。王都近国を除けば、近世初頭の頃までは同じ村落共同体の中で孤立し排除されることなく共存し、村の中で一定の役割を担っていたのである。彼らが穢多と名付けられて、その居住地や職分において、強い差別を受けるようになるのは、十七世紀の中葉以降である。

したがって、在地社会では、身分間の移動もかなりあった。領主階層にしても、在地の土豪や百姓から成り上がった者が多かったから、この戦乱の世では、領民たちの血統や家柄をいちいち気にしていられなかった。ともかく領国支配に役立つかどうかが、喰うか喰われるかの戦乱の世ではすべて価値判断の基準であった。

五　徳川幕府の成立と身分制度

江戸時代の初頭の頃は、各藩の百姓・町人・賤民に対する身分政策について、幕府がいちいち介入して指示したわけではない。基本的には各藩の戦国時代以来の「分国法（藩法）」による統治に任せていたのである。徳川政権にしても、政権を握った当初の頃は、三河領主以来の徳川家の藩法に基づいて自国内を統治していたのであった。直轄地の天領は別として、賤民政策についてはそこまで手が回らなかった。「公家諸法度」「武家諸法度」「寺院法度」に類する体系的な法度は、百姓・町人や賤民に関しては何も出されていない。近世初頭の検地帳や地詰帳では、百姓らと賤民が混在して併記されている場合も少なくなかった。

その理由はいくつかあるが、百姓・町人の人口と比べると賤民層の絶対数が少なく、その存在をそんなに重視していなかったことが第一に挙げられるだろう。江戸幕府にしても、京都・大坂など主要な都市の情報は入手していたであろうが、各地方に散在している賤民層の実状を正確には把握していなかったのである。

しかし、十七世紀も中期にさしかかる頃になると、各大名は賤民層を統制下において、一定の課役を担わせていった。かなりの地域差があったのだが、近世初頭の各藩の賤民政策の重点は次の四点にあった。

第一に、戦国時代からの慣行を引き継いで、斃牛馬処理と皮革原料の調達を命じた。

第二に、その見返りとして、百姓らに課していた諸役を免じ、やはり室町期からの慣行を引き継いで「旦那場」(草場)権を認めた。ハレの日の遊芸や、履物販売などの勧進権も同様であった。

第三に、天下太平の時代に入るにつれて、各領国でも社会秩序の整備に力を入れ、賤民層に課する夫役《ぶやく》として、城下町などを中心に〈掃除役〉〈清目役〉などを順次整備していった。第四に、治安維持のための下級の〈警固役〉を課し、さらに牢番・罪人引き回し・磔《はりつけ》番などの〈刑吏役〉もしだいに強制するようになった。

そのような賤民に対する身分統制がしだいに強化されていくのは、対外政策だけでなく国内政策でも大きい転機を迎えた寛永年間に入ってからである。そして後述するように、元禄期から享保期にかけて、賤民対策は幕政上でも無視できない問題として認識されて、その法制化が政治的課題になってくる。

そのように状況が変化していくのだが、それにはいくつかの要因があった。とりあえず私なりにまとめてみると、次の五点がその理由として挙げられる。

第一、王都近国で早くから実施されていた清目役・警固役・行刑役などの賤民層の役負担について、各藩においても「役」の体系として整備されてきた。しかしその場合でも各藩独自の政策でなされたのであって、賤民統括のシステムもかなりの地域差があった。

第二、近世に入ってからの社会的分業の進展につれて、各地域に点在していた賤民層の集団化と集住が進んできたことである。それとともに、独自の力で職能的な共同体のネットワークを作り上げていった。そして江戸や京都にみられるように、地方によっては頭支配のもとでの組織的な動きを見せ始めた。

第三、近世中期からの芸能・民間信仰などの各分野への賤民層の進出である。特に河原者芸能と呼ばれた歌舞伎・人形芝居・説経芝居の発展は目ざましく、門付芸・大道芸・見世芸なども在地社会で広くもてはやされるようになった。

第四、戦国時代の終焉とともに一時停滞していた皮革への需要が、消費文化の拡大につれて急増してきた。この皮革生産を中心として、「かわや」「かわた」層をどのように処遇し統制していくかという問題が、政治面だけではなく経済の領域で浮上してきた。

第五、寛永の飢饉をきっかけに各地で一所不在の放浪民が増えてきたので、従来からの乞食や勧進などを含めて、各藩ではその対策が緊急の課題になってきた。それが後に「非人」制として制度化されるようになってくる。

このように戦乱の時代の終焉とともに、特定の職能や役負担に対するケガレ観が強められていった。近世中期からの「宗門改」制度における賤民の別帳化、「生類憐みの令」やその一環としての「捨牛馬禁令」、さらにはケガレと服喪に関する規定を全国的に制定した「服《ぶっ》忌《き》令《れい》」の公布によって、〈貴・賤〉観よりも〈浄・穢〉観を中心とした賤民観念が、しだいに在地社会にも広がっていった。

さらに、元禄期頃からの生産諸力の発展と社会的分業の拡大は、全国的な商品市場の展開による新しい社会経済構造を創出していった。それにともなって、社会の様々な局面でいろんなひずみや矛盾が発生してきた。それを解決していく統治システムの一環として、身分統制の強化の問題が大きな政治的課題となってきた。

幕府や藩では、それまでは必要に応じて随時発せられる触書などによって規制を加えてきたのだが、旧来の慣習法的秩序を、公権力の制定法の中に取り入れていく方向での法体系の見直しと司法制度の整備がなされた。

ところで、西国では「かわた」、東国では「長吏」と呼ばれていた賤民層に対する差別が強まり、それが全国的に広がっていく大きいきっかけになったのは、五代将軍綱吉が命じた「生類憐みの令」と、その一環として出された「捨牛馬禁令」である（塚本学『生類をめぐる政治』一九八三年、平凡社。横田冬彦「賤視された職人集団」『日本の社会史第六巻』所収、一九八八年、岩波書店）。

古代から朝廷では〈殺生禁断〉令を出し、牛馬など六畜の食用を禁じ、それを犯すと食穢としていた。しかし、何でも食べなければ生きていけない民衆は、シカ・イノシシ・イヌをはじめ、牛馬の肉も手に入れれば喜んで食べていた。下層の民衆にとっては、「生類憐みの令」は食生活上の大きい規制だった。民衆の評判が悪く、それで幕府は、綱吉が死ぬとすぐにこれを廃棄した。

さらにケガレ観の定着という観点から問題にせねばならないのは、綱吉が制定した「服忌令」である。死穢を忌み喪に服すべき期間を定めた「服忌令」は古代から制定されていたが、武家権力が実権を掌握しても、実質的には無視されていた。そんな法令を気にしていては、戦国時代のような殺戮を日常事とする武家稼業はやっていられなかった。

だが、相次いだ戦乱が終わり天下泰平の世がやってくると、幕府もかつての「律令格式」を模した新しい統治体制を本格的に創出しようとした。その一環として「服忌令」を、儒者・神道家に命じて制定させたのは一六八四（貞享元）年であった。このような法制定は、朝廷が定めた『延喜式』以来のケガレ観に基づくさまざまなタブーを、武家権力が公認したことを意味した。

死・産・血の三不浄を中心にケガレを恐れる触穢思想は、それまでは天皇公家や権門寺社を中心に流布されていたのだが、武家社会における「服忌令」の制定、それがさらに町村のレベルで村役人や町役人に下達されることによって、民衆社会まで一挙に広がっていったのである。

さらに卑賤視されていた特定の職能を「穢多・非人」制として身分的に差別し隔離する決定的なきっかけになったのが、次節で述べるキリシタン禁令に基づく「宗門改」の制度化であった。

第十章

「宗門人別改」制と「キリシタン類族改」制

一　中央集権的国家支配と戸籍制度

江戸幕府は、一六一〇年代の慶長年間から一六七〇年代の寛文年間にかけて、次々にキリシタン禁令を発して、「宗門改《あらため》」をしだいに制度化していった。この「宗門改」は、キリスト教の布教禁止を直接的な狙いとしていた。だが、当初の目的を達すると、それを口実とした「民衆の思想統制」、「戸籍管理による身分統制」のための戸口調査にしだいに転化していったのである。

江戸幕府が目ざした新しい近世社会は、この「宗門人別改」制度、すなわち実質的な戸籍制度の制定によって、すべての人民が幕藩権力によって「人別」に——個人ごとに——把握される身分制社会となった。

改めて言うまでもなく、身分制社会では、政治面における人的な支配・隷属関係が、経済面における社会的分業、すなわち物的生産関係と分かちがたく結びついている。

その社会を支配している国家権力は、国政運用の根本である生産力を高めるためには、すべての生産の諸関係を支配下におかねばならない。そのためには、何よりもまず、生産に従事し課役を担う労働力の実態を掌握しておかねばならない。すなわち、たんに「家別」だけではなく、「人別」に社会の実勢を把握しておかねばならなかった。そして「人別」支配を徹底するためには、どうしても国家による戸籍制度の制定が必要であった。

よく知られているように、東アジアにおける戸籍制度は、前二世紀の秦・漢の時代から、中央集権的官僚制国家機構をしだいに制度化していった古代中国の律令制に発している（野間宏・沖浦『アジアの聖と賤』一九八三年、人文書院、第二章参照）。

統治下にある全人民を戸籍に登録し、それぞれの身分ごとにその家数・人数の増減を正確に把握することは、中央集権的な国家支配の根本をなすものであった。そのような戸籍制度の実施によって、政治的に設定された身分制が維持され、徴税・課役・徴兵などがはじめて可能となったのであった。

七世紀後半のころから、この中国律令制度を導入した日本のヤマト王朝も、戸籍制度の制定に着手した。戸を単位として支配下にある人民をひとりひとり戸籍・計帳に登録し、里ごとにまとめて一巻とした。その本貫地を明らかにして氏姓を確定し、「良・賤」身分の把握や兵士の徴発の基本台帳とした。そして、登録された人民には口分田を班給するとともに、国・郡・里の行政機構を通じて、田租や調・庸・雑徭などの徴収を行った。

このようにして作成された戸籍は、律令制国家の人民支配の根本台帳となった。しかし、八〜九世紀のころのヤマト王朝の権勢は全国的にはまだ行き渡らず、きわめて不安定だった。したがって、この段階の戸籍制度は、決して完全なものではなかった。残存する戸籍をみても女子の数が多く、残疾・廃疾などの名目で課役を免れる障がい者が成年男子に偏っていることなどは、重い課役や徴兵を忌避した男子が、意図的に戸籍から脱漏したためであろう。

このように古代律令制国家の段階では、戸籍・計帳に登録されない「帳外れ」がなお数多く存在した。一所に定住しないで移動している海の民や山の民、「夷人雑類《いじんぞうるい》」とみなされた辺境の地の住民などは、まだその多くが帳外れであった。つまりこの段階の戸籍制度は、全国的レベルで成立したものとは言えなかったのである。

ここで、律令制以来の日本における戸籍制度の推移について立ち入る余裕はないが、簡単に付言しておくと、律令制の解体によって班田制が行われなくなると、人頭税としての調・庸がしだいに地税に変化してきた。地税を徴収するためには土地台帳は重要だったが、個々の住民を登記した「家別」「人別」の戸籍帳はしだいに必要でなくなってきた。平安時代も中期以降になると、全国的な荘園制度への移行につれて、造籍作業もしだいに廃絶してしまった。したがって、十三世紀の鎌倉時代前期のころには、ヤマト王朝時代の戸籍制度は完全に消滅していた。

日本の歴史において再び戸籍簿が姿を現すのは、戦国時代に戦国大名が行った「家数人馬改帳」である。その支配下にある軍力や人夫数を確定し、農耕生産力の実勢を把握するために、家数改めとともに人別改めを実施したのであった。だが、具体的な史料がほとんど残されていないので、その内容を正確に知ることはできない。

全国的レベルで「人別改」を実施し、日本の戸籍史上において新しい時代を開くきっかけをつくったのは豊臣秀吉であった。一五九二（文禄元）年全国的に実施された「六十六カ国人掃令」がそれであった。老幼男女を問わず一村ごとに戸数と人口を把握することによって、陣夫など戦陣に役立つ夫役負担能力のある者を書き上げさせることが直接の狙いであった。しかし、実際に全国的に行われたのかどうか不明のところもあって、戸籍制度の全国的復活と呼ぶにはまだまだ不備の点が多かった。

二　琵琶法師ロレンソ、盲人ダミアンによる下層民衆への布教

十七世紀の後半から、江戸幕府が全国一斉に実施に踏み切った「宗門人別改」は、たんに家数と人数だけではなくて、支配下にあるすべての人民に関する個人情報を詳細に掌握するためになされたもので、まさに戸籍制度の確立と言えるものであった。

ところで、幕府が、このような「宗門改め」制度の制定に踏み切る直接的なきっかけとなったのは、十六世紀中ごろからのキリスト教の布教とその影響力の急速な浸透であった。このまま放置しておけば、西洋人による日本植民地化の契機ともなり、近世幕藩体制を揺るがす大きな危機的な要因になると幕府が判断したからであった。

豊臣秀吉は新興宗教運動としてのキリシタンの増大が、日本国の社会状況にとって軽視できぬと判断して、一五八七（天正十五）年七月に「伴天連追放令」を発した。バテレンとは宣教に従事した司祭の称号で、神父とも呼ばれた。一時は迫害をゆるめて活動を黙認したが、一五九六（文禄五）年に起こった「サン・フェリペ号事件」をきっかけとして再び迫害を強めた。九七年二月には、バテレン三人・イルマン（準司祭）三人をはじめ、日本人イルマン三人・日本人信徒十七名の計二十六人が長崎で処刑された。これが有名な〈日本二十六聖人の殉教〉事件である。

先にみたように、九州に上陸したザビエルは、布教許可を得るためにとりあえず上京したが、うまくいかなかった。失意のうちに西下したが、大内義隆の居城の山口でようやく布教を許された。二年三カ月の間、ザビエルは日本に滞在して布教に努めたが、その間の受洗者は約千名にすぎなかった。

中国筋最大の文化都市であった山口を拠点にしていた大内義隆は、まもなく陶晴賢《すえはるかた》によって殺された。大内氏と中国地方西部の覇権を争っていた毛利元就は、直ちに陶晴賢を急襲し厳島に敗死させた。これが一五五五（弘治元）年の〈厳島の戦い〉であり、戦国史の大きい転機となった。

だが、新しく山口に入ってきた毛利氏は、浄土真宗の熱心な信者だったので、キリスト教の布教を許さなかった。ザビエルの後継者であるトルレスはやむなく山口を退去して、豊後に移った。イエズス会の本格的な布教が始まったのは、トルレスが、山口から豊後府内（大分）に活動の中心を移してからであった。

ポルトガル船の定期来航にともなって南蛮貿易が活発になると、トルレスはキリスト教に理解のある九州各藩の港にポルトガル船が入港するように指示した。つまり、布教と貿易の抱き合わせによって、信仰と実利の一本化を狙ったのであった。その結果、大村純忠・有馬義貞・大友宗麟など九州の有力大名が次々に受洗した。

イエズス会は都のある畿内での布教を最も重視していたが、その際に獅子奮迅の働きをしたのが日本人イルマンのロレンソ了西だった。イエズス会では司祭をバドレ（バテレン）と呼び、イルマンはその補佐役で、いわば準司祭である。日本人第一号のイルマンが、このロレンソだった。

彼は肥前白石の生まれで、もともとは目の不自由な琵琶法師だったが、頭脳明敏で弁舌が得意だった。ロレンソは九州・中国から畿内へと西日本各地で活動したが、一五六〇年に京で将軍足利義輝に謁して布教を許された。信長や秀吉にも謁し、高山飛驒守とその子右近・結城山城守・京極高吉など京畿の有力大名を次々に受洗させた。彼が入信させた信徒は三千名をこえると伝えられている。日本におけるイエズス会の実質上の基礎を築いたのは、このロレンソであったと言えよう。

もうひとり、山口で布教の先頭に立った熱烈な信者・盲人ダミアンについても述べておかねばならない。彼は堺の生まれで、日本の諸宗派において経験を有する「著名な説教者」であったが、「大いなる才覚と驚異的な記憶力の持ち主」であると報告されている。

これだけの資料ではダミアンの正体はよく分からぬが、身体障がい者を「前世の業」の思想で差別していた当時の日本で、盲僧が大寺院で重要な位置にあったとは考えられない。特定の仏教宗派に属した僧侶ではなくて、もっぱら下層民の間を布教して回った「ひじり」から出てきた説教者であったかもしれない。それはともかくこの盲人は、山口における布教で絶大な力を発揮した。その状況は、日本副管区長ガスパル・コエリュのイエズス会総長宛の書簡で詳しく語られている（松田毅一訳『一六・七世紀イエズス会日本報告集』第一期第一巻、一九八七年、同朋舎出版）。

一五七九（天正七）年に巡察師バアリニャーノが来日してから、イエズス会の活動は飛躍的に拡大した。日本人の修道者や司祭を養成するため、各地に教育機関を設けた。トルレスの尽力もあって大村氏から長崎・茂木を譲り受けてキリシタンの町長崎の基礎を作った。八二年二月には、少年使節をゴアに帯同した。下・豊後・都の三布教区に分けたが、八二年当時のキリシタンはやはり西国の下教区（大村・有馬・天草地方）が圧倒的に多く、十一万五千人、豊後教区一万人、都教区二万五千人と報告されている。

信長の時代は、キリシタンの活動は九州と中国地方と近畿の一部に限られていた。まだその勢力も微弱だったので、信長はその布教に寛容だった。根深い基盤をもっていた《一向一揆》勢力に対抗するために、信長はキリシタンを利用したという見方もできる。だが、信長の意図は、来航した西洋人がもたらす新文化と新知見によって、中世以来の寺社権門の伝統的権威の解体を一挙に促進しようというところにあったのではないか。

しかし、秀吉の時代になると、状況が大きく動いた。先にみたようにキリシタンの勢力が大きく伸展し、一五八七（天正十五）年のころは、イエズス会を中心に二十万人の信徒を擁し、教会数も全国で二百を数えた。まさに黙視できぬ大きい新興宗教勢力が目の前に出現したのである。

伝統仏教の権威を否定し「一切衆生・平等往生」の旗を掲げて蜂起した一向一揆勢の戦闘力をよく知っていた秀吉は、この〈新興キリシタン〉がそれにとって代わる新たな対抗勢力に成長していく可能性を感じとっていたに違いない。それとともに彼らの布教が、宗教的意図をこえて、西洋諸国の海外植民地獲得という政治的目的に連なることを警戒したから、その晩年には禁圧政策に転じたのであった。

三　芸備地方におけるキリスト教の布教

キリシタン大名としてよく知られた高山右近・小西行長・蒲生氏郷・黒田孝高（官兵衛）のように、武士の藩主層からの入信者もいたが、やはり社会の底辺層からの入信者が最も多かった。既成宗教の基盤が強固な場合は、新しく渡来した宗教が食い込むことはなかなかむつかしい。その際は、旧宗教の布教の網の目からこぼれ落ちている人たちの間に入って、そこでまず布教を始めるのが常道であった。

ルイス・フロイスも度々強調しているが、当時のキリシタンにとって最も手強い相手は、熱烈な真宗門徒であった毛利氏と瀬戸内の海賊衆であった。

もちろんこのことは敵対しているということではなくて、下層の民衆の多くがすでに浄土真宗に帰依していて、そこの地区では布教が進展しなかったという意味である。つまり、仏教諸派の中で神のもとでのすべての人間の平等を説くイエズス会の布教理念と最もよく似通っていたのが、親鸞を開祖とする浄土真宗であった。《一向一揆》に結集した熱心な門徒に、キリスト教が新たに布教する余地はなかったのであった。

ルイス・フロイス（一五三二〜九七）は、一五六三年に来日し、九七年に長崎で没するまで足かけ三十余年も在日して、日本副管区長付として日本年報の主たる執筆者を務めた。そして、『日本史』と題してザビエル以後の膨大な日本布教史を執筆した。この書物は、日本の当時の政治情勢のみならず、文化や宗教の実状を知る上での第一級の史料となった。

戦国時代に日本にやってきたカトリックの神父たちは、フランシスコ・ザビエルや第三代日本布教長として来日したフランシスコ・カブラルのように、まずインドへ渡ってそこで教会の活動に従事して、それから東南アジアへ入ってくるのがおきまりのコースであった。したがって新天地の日本で布教する際には、もちろん支配階層への布教を最重視したが、賤視されていた人びとや障がい者などの社会的弱者にも積極的に目を向けたのであった。

戦国時代末期からの安芸・備後地方におけるキリスト教の布教については、H・チースリク編著『芸備キリシタン史料』(一九六八年、吉川弘文館)に詳しい。

ここで簡単に十六世紀中期からの中国地方におけるキリスト教の布教状況についてみておこう。フランシスコ・ザビエルが初めて日本の土地を踏んだのは一五四九(天文十八)年であったが、京都での布教が許されないことが分かると、当時の中国筋で最大の勢力を誇っていた大内氏の城下町山口に滞在してそこで活動を始めた。

大内義隆は、キリスト教に帰依はしなかったが、布教の自由を認めた。ついで義隆の甥にあたる大友宗麟の居城である府内(大分)でも、布教を始めることに成功した。しかし、先に述べたように、一五五一(天文二十)年に大内義隆はその家臣の陶晴賢に殺されて大内氏は滅びた。そしてその晴賢も、厳島の戦いで毛利元就に倒された。

当時の山口には、約二千人のキリシタンがいたと推定されているが、大内氏に代わって山口に入ってきた毛利元就は、キリスト教に不寛容でその布教を許さなかった。信徒たちは弾圧を恐れて、辺境の村々に隠れ住み、遠く九州・四国まで散って行った者もいた。その理由としては、毛利氏が熱心な浄土真宗の門徒だったことが挙げられるが、もう一つの理由は、キリスト教に好意的な九州の大友氏が毛利氏の九州侵攻の当面の敵だったからである。

それから数年後、ガスパル・ヴィレラ神父が一五五九（永禄二）年に二人の日本人伝道士とともに京都で布教すべく、九州から上京した。その際に、安芸の宮島で船が停泊した。そこで年老いたフェリペと名乗る日本人の信者を見つけた。彼は山口でザビエルから洗礼を受けたが、毛利氏の弾圧を恐れて宮島に逃れ、ここで十年間極貧の生活に耐えてきた熱心な信徒だった。その晩、神父たちはこの老人の家に泊まった。

それからさらに十三年後、当時の布教長カブラルは、山口生まれの日本人修道士ジョアン・デ・トレスを伴って、一五七三年九月七日に口ノ津（有馬）を発し、島原、府内（大分）、博多、下関を経て山口へ入った。この旅行の記録は、インドのイエズス会管区長あてのカブラルの書簡で詳しく知ることができるが、その一部はルイス・フロイスの『日本史』（第一部一〇二章）に抄録されている。

山口に入ったカブラルは、十二月のキリスト降誕祭を京都で過ごそうと思っていたが、山口で忙しくなったので十二月から春の初めまで山口に留まった。二月の下旬に山口を発ち、岩国から宮島に渡って、すでに八十二歳になっていたフェリペの家に一泊した。彼はロザリオを持ち壁に十字架を描いて、毎日その前で祈っていた。貧窮に耐えながら信仰を守り通した純粋で素朴なこの老信徒を見て、カブラルは感動した。

四　宣教師が出会った瀬戸内海賊

すでにみたように、毛利氏が支配する安芸国では布教が禁止されていたのだが、にもかかわらず山口時代からの信徒がひそかに布教していたのだ。カブラルは、信仰を守り通して布教に努めていた信徒のマテウスと出会って、その働きを詳しく報じている。彼は針と櫛を売る行商人だった。

良い船の便がなかったので、カブラルの一行は、たまたま出会った「海賊」九郎右衛門の船に乗った。その九郎右衛門は安芸の川尻の海民だった。おそらく蒲刈島《かまがりじま》を本拠にしていた多賀谷氏の水軍に属していたのであろう。船が音戸《おんど》の瀬戸を通って三ノ瀬の海駅へ寄ろうとした時、神父の病態が悪化したので、九郎右衛門は自分の郷里川尻へ寄港して、二十日間神父を自分の家に泊めて家族一同で手厚く看病した。

その九郎右衛門の家に滞在した時に、そこでひとりの仏僧がキリスト教に改宗した。カブラルは海賊九郎右衛門の一家をなんとか入信させようと努力したが、「安芸で信徒がもっと増えたら、その時には考えましょう」と九郎右衛門はやんわりと断った。たぶんこの海賊一家は熱心な真宗門徒だったのだろう。当時の村上水軍は、最も熱心な門徒たちの集団であった。

三月の半ばになって九郎右衛門は神父を塩飽《しわく》まで乗せていったが、神父の一行を堺まで連れていくようにと塩飽の友人に丁寧に頼んでくれた。もちろん、この友人も塩飽の海賊衆の一員だったに違いない。四月二日に一行は無事に堺に着いた。

このように安芸国でも、キリスト教の布教に努力した熱心な信者が少数ながらいたのだ。そのひとりが針と櫛を売り歩く行商人だったマテウスで、行く先々の旅宿や行商の戸口で熱心に布教して回った。

もうひとりの熱心な信徒は、山口で受洗しトビアスと名乗った琵琶法師だった。彼は目が不自由だったが漂泊の芸人だったので、諸国を歩きながら熱心に布教し、しばしば宣教師たちと信者との連絡係を勤めた。彼は一五九一年に巡察師ヴァリニャーノに会うために長崎に行き、その帰途堺で没した。これらの記録は、いずれも宣教師たちの書簡によって知ることができる。

熱心な真宗門徒だった毛利元就はキリスト教の布教を許さなかったが、織田信長の死後に秀吉が実権を握るようになると、毛利輝元は一五八六(天正十四)年に領内での布教を許した。そして、山口・下関・伊予の三カ所で宣教師の住院を建てて、その活動を認めた。約四十年ぶりに山口におけるイエズス会の活動が再開され、毛利氏の新しい居城となった広島にも教会が設けられた。元就の九男であった毛利秀包や熊谷元直といった毛利家の重臣もキリシタンとなって家中の武士にも広がった。

だが、それも長くは続かなかった。というのは、毛利輝元は関ヶ原の戦いの直後の一六〇〇(慶長五)年に、領地の大半を失って防長に移されたからだ。毛利藩のキリシタン武士も、主君に従って広島を去り、神父も長崎へ去って行った。

毛利氏が去ったあとの広島では、教会の活動は一時閉鎖された。信者は二百人ほどいたようだが、下層の民が多かった。しかし、福島時代に入ると状況が一変した。早くからキリスト教に好意的であった福島正則は布教を許しただけではなく、むしろ積極的に支援したのであった。一六〇四(慶長九)年に入ると、長崎から神父と修道士たちが派遣されて、広島の教会が再開された。最盛期には数百人の信者が広島にいたと推定されている。広島の教会は日本における最も活発な布教所の一つとなった。

江戸幕府による禁教が予想された十七世紀当初において、ザビエル以来の教線を最後まで守り抜こうとしたキリシタンにとっては、積極的に支援してくれた福島正則はまさに希望の星であった。彼は安芸へ入封する際に、人物本位で諸国から有為の浪人を数多く召し抱えていた。その中には、大友宗麟や高山右近などのキリシタン大名の遺臣が幾人もいたのであった。彼らの意向が、福島正則のキリシタン政策にも影響を与えたのであろう。

福島正則は、一六〇五（慶長十）年にかなり広い屋敷を教会に寄贈している。毛利藩の家老であった佐世元嘉の旧邸と伝えられている。「キリシタン寺」と呼ばれたこの教会がどこにあったのかは今では分からないが、寛永年間の広島古図には「キリシタン新開」と呼ばれた地名が記されている。今日の竹屋町のあたりである。

広島の宣教師はイエズス会に属していたが、一六一四（慶長十九）年に幕府がキリシタン禁教令を出すまで熱心に活動した。禁教の布告が出されるに及んで、神父たちに広島から退去するように命じたが、いずれ禁令が解除されるだろうと予測して、福島正則はひそかに布教することを黙認した。これ以降の経過については、『芸備キリシタン史料』に詳しく記述されている。

五　徳川幕府によるキリシタン弾圧

江戸幕府を開いた直後は、家康はキリスト教宣教師の布教活動に寛大であった。自らイエズス会に多額の銀を寄付するなどしてその便宜をはかっているが、実際はポルトガルとの貿易による実利を期待していたからであった。

しかし、ポルトガルがスペインに一時併合され、さらに新興国オランダが東南アジアまで進出してくると、ポルトガルは急速に衰退し、その貿易も行き詰まってきた。家康はそういう複雑な国際情勢を睨みながら、宗教と交易を分離する方針に転じた。そして、慶長十四年の「マードレ゠デ゠デウス号撃沈事件」以後、家康はイエズス会の態度に不信を抱くようになった。

与力だったキリシタン岡本大八の贈収賄事件が発覚すると、家康は激怒して、一六一二(慶長十七)年三月に直轄地に禁教令を発した。さらに一六一三年には、全国にキリシタン禁教を命じて、「伴天連追放」を指示した。だがその具体的な実施策については諸藩にまかされていて、あまり厳密には実行されなかった。それで、各修道会は四十六名の宣教師を残して潜伏させ活動を継続させた。しかし、幕府の統制がしだいに強まるにつれて、次々に禁教政策違反に問われ、各地で殉教者が数多く出るようになった。先に見た、「癩者」のキリシタンたちの中にも、その余波を見てとることができる。

一六一四(慶長十九)年に徳川家康が発布したキリシタン禁令によって、宣教師の追放と教会の破壊が全国的に行われた。長崎における弾圧は、アビラ・ヒロンの『王国記』(大航海時代叢書11、一九六五年、岩波書店）に詳しく記されている。九つの天主堂をはじめ鐘楼や時計台もすべて破壊され火をかけられたが、慈悲病院だけは残された。だが、一六二〇（元和六）年の弾圧では、七つあった病院は跡かたもなく破壊された。長崎市万才町には「ミゼリコルディア本部跡」の石碑が、今もひっそりと建っている。

長崎の「慈悲の組」の最後の状況については、片岡弥吉『日本キリシタン殉教史』に詳しい。病院が破壊されたので、入院患者は信徒たちの家に引きとられた。一六二六（寛永三）年の弾圧では、多くのキリシタンは家を捨てて山に入ったが、慈悲の組の役員だった町田宗賀と後藤宗印をはじめ組員たちは病人や貧者を連れていった。翌年には徹底的な探索がなされ、山に逃げた者もその小屋をこわされて多くの餓死者を出した。

このような弾圧下でも、何人かの組員はなお市中に潜んで活動を続けていたが、一六三三（寛永十）年七月には組頭であったミゲル薬屋が火焙りの刑で殉教した。長崎頭人《とうにん》総代で長崎銀座十人衆のひとりだった後藤宗印は、一六二七（寛永四）年に八十余歳の老年で捕われて牢死したが、彼は邦文教書の出版元として活躍した文人であった。やはり長崎の町年寄だった町田宗賀は、一六三二（寛永九）年に二本松で殉教した町田寿安と同一人物であろう。各地の慈悲の組も同じような弾圧を受けて潰滅させられた。最後まで病人や老弱者を看取った会員たちの多くは、このように殉教していった。

堺は、南蛮貿易によって日本有数の商業都市として栄えていた。ザビエルをはじめフェルナンデス、ヴィレラ、フロイスらイエズス会の幹部が相次いで訪れているので、早くから信徒がいた。その中心になったのが堺の豪商日比《ひび》屋了珪《やりようけい》と小西立佐《こにしりゆうさ》の一族だった。一五六四（永禄七）年に受洗した了珪は茶人としても知られていたが、日比屋一族は熱心なキリシタンとして布教の最前線で活躍した。

ジョウチン小西立佐はザビエルに会ってキリシタンになったのだが、フロイスとも親しく、世間から見捨てられた窮民の救済に奔走し、癩病院を建てるなどして慈善事業に尽くした。秀吉の信任を得て堺の奉行を務めていたが、秀吉が伴天連追放令を出してからもイエズス会と秀吉の間に立って、布教が続けられるように努力した。

彼の長男が小西如清《じよせい》で、次男が小西行長《ゆきなが》である。如清は秀吉の信頼を得て、財務を担当し堺の奉行を務めた。行長は秀吉の船奉行を務めキリシタン大名として名を馳せたが、関ヶ原で家康と闘って敗れ、六条河原で処刑された。この小西一族は、いずれもキリシタンとしてその一生を終えた。

日比屋了珪の娘で如清の妻になっていたアガタは、一五八七（天正十五）年に堺の教会が破壊されてからも自宅を教会として開放し、慈悲の会の仲間とともに病院の世話を続けた。

堺の癩病院は七道ガ浜にあったと推定されている。アルメイダも堺に来ているから、その病院を訪れて、医者としていろいろアドバイスを与えたであろう。この病院は迫害が始まってからも存続したようだが、詳しいことはわからない。小西立佐は死際の遺言で、癩病院の経営を長男の如清に依頼したが、その如清もしばらくして死んだので、堺の信徒たちが組織した信心会が病人たちの面倒をみた。

堺を訪れたフロイスは、「この病院では設立以来、すでに五〇名以上が改宗し、キリシタンとして死んでいった。仏教徒はこの種の病人を相手にしないのが常であったから、懸命に世話をするキリシタンの姿を見て、彼らは驚きかつ感心した」と書いている(フロイス『日本史3』一九七八年、中央公論社)。

平信徒だった民衆の大半は、弾圧に耐えかねて棄教した。「転ぶ」道を選択して、役人の前で仏教徒になると誓えば、命は助かった。だが、それを拒んで殉教していった民衆も各地にいたのだが、その多くは「慈悲の組」のメンバーだった。

六　神父とともに殉教した「癩者」

ザビエルの来日以来、この日本で何名がキリシタンになったのか。その実数については諸説あって定かではないが、日本キリシタン史の大きい画期となった禁令の年一六一四年から、信徒の社会的活動が途絶えた一六四〇年代に至る期間では、なお二、三十万人のキリシタンがいた。

　信徒は言語に絶する迫害を受けたのだが、それに屈せず殉教した者も少なくなかった。H・チースリクは、『キリシタン書・排耶書』（日本思想大系25）の解説、「キリシタン書とその思想」において、殉教者の総数は四、五万人と推定している（この中には天草・島原の乱のキリシタン関係者は含まれていない）。

「慈悲の組」に入って積極的に孤児・老弱者・病人などの救済事業に従事し、布教の最前線で活躍した信徒の中から、殉教者が多く出たことは先述した。十字架にかけられたイエスへの信仰が、苦しんでいる隣人への慈悲として結実した人びとであったから、西洋文化にあこがれて漫然と入信した形だけのキリシタンではなかった。彼らは迫害期に入ると、殉教にそなえて堅忍不抜の信仰心を養うために「信心会」（Confraria）へ結集していたのであった。

　ところで、これらの熱心な信徒の世話を受けた癩者の中からも、永遠の神の愛に生きようと殉教の道を選んだ者があった。その一例を片岡弥吉『日本キリシタン殉教史』の中で「駿河の聖なる癩病者」として紹介している。

　一六一四年の大弾圧の際に、家康の居城だった駿府でも数十名の信徒が入牢させられた。仏教への転宗を拒否した者は灼熱の鉄で額に烙印を押され、手の指と足の腱を切って野に棄てておかれた。その拷問に耐えて四人が生き残った。そのひとりペドロ宗休は、癩者たちの小屋の近くに住んでいたので、常日ごろから彼らにイエスの愛を説いていた。

野に棄てられた宗休は癩者たちの小屋にかくまわれていたが、立入り調査にきた役人によって、彼ら癩者もキリシタンであることが判明した。棄教を促す役人の説得に応じず、肉体が朽ち果てる前に神の慈悲に救われたいと申し述べたので、ついに一同斬首された。その癩を病んでいた聖者の名は、フランシスコ、ガスパール、パウロ、トメ、マテイアス、ルカの六人だった。

一六二二（元和八）年九月、長崎で五十五名のキリシタンが処刑された。「元和《げんな》の大殉教」である。イエズス会・ドミニコ会・フランシスコ会に属する外国人司祭九名をはじめ、婦人十三名、三歳から十二歳までの子どもも八名含まれていた。その中には朝鮮人アントニオとマリアの子二人がいた。このうち二十五名を火焙りにする際に、近くの癩者小屋に火種を探しにいったが、彼らはそれに協力しなかった。

その翌年の二三年十二月には、新しく将軍職に就いた家光の命で、徹底的弾圧のための見せしめとして江戸で五十名が処刑された。「江戸の大殉教」である。三組に分けられて江戸市中を引回されてから火焙りにされた。馬に乗せられて三組の先頭に立たされたのはイエズス会のアンジェリス司祭、フランシスコ会のガルベル神父、それに江戸の潜伏キリシタンの中心人物原主文《はらもんど》だった。

彼には次のような前史がある。一六一二（慶長十七）年、家康は身近にいる旗本直参に対してキリシタン禁制を発した。だが、家康の小姓だった原主文は、転宗を拒否して逐電してしまった。しかし二年後に捕まえられて、家康の命で額に十字の焼印を押され、手足の指を切断されて追放された。主文は江戸に潜入すると、浅草・鳥越の癩者たちの小屋に住んで活動を続けていたのだが、かつての従者の密告によって隠れ先が発覚して逮捕された。

江戸の最初の教会は、一五九九（慶長四）年にフランシスコ会によって建立された。それ以後三つの教会と修道院・病院などが建てられたが、一六一二年の迫害によって壊滅した。信徒たちは信心会によって潜かに活動を続けていたが、その拠点となったのが浅草の癩病院跡の集落であった。原主文はそこに入って、病人たちをはげましながら活動を続けていたのであった。

原主文らが処刑された頃、駿河から伊豆諸島へ流されたのが「ジュリアおため」だった。彼女は少女の頃に、小西行長によって朝鮮人俘虜として日本に連れてこられた。小西家で使役されているうちにキリシタンとなり、行長の処刑後は、駿府で家康の大奥に仕えていた。伊豆大島に流される時、駿河から網代港までは自ら裸足になって歩き、街道で見かけた困窮者に自分の着物を分け与え、「我身のごとく隣人を思え」というイエスの教えを守った。彼女が晩年をすごした神津島では、今もジュリア顕彰会によって彼女の墓が守られている。

七　キリシタンによる「癩者」救済の思想的意義

「救癩」の思想と行動にしぼってみても、鎌倉時代における叡尊・忍性らの慈善救済運動と、キリシタンによる慈悲の実践は大きく違っていた。もしもキリシタン禁制が行われず布教の自由が認められたとしたならば、癩者たちの救済とその人権回復運動はさらに進んでいただろう。その点をまとめてみよう。

第一、社会事業として癩病院と施療所を各地に設置し、病気に苦しむ人びとを広く受けいれた。それは神の愛という宗教的理念に支えられていたが、貧しい重症者の入院を優先させ、彼らが入信するかどうかは二の次だった。

第二、アルメイダが主治医を務めた府内病院の日課にみられるように、ヨーロッパやゴアの病院の新しい看護法が導入されていた。投薬と手術による「肉体の薬」だけではなく、「魂の薬」を重視した。看護システムの充実に努め、給食される滋養物の摂取によって生活環境の改善に努めた。病人の心を癒すために、音楽や読書、そして魂にしみいるような祈りも用いられた（その具体的な状況については、東野利夫『南蛮医アルメイダ』第一二―一四章を参照）。

第三、このような慈善事業を行うためには、財力と人力が必要である。看護役やさまざまの雑務に従事し、街頭に出て寄付金を集めたのが「慈悲の組」だった。熱心な信徒たちのボランティア活動があってはじめて、これらの事業が成り立った。

第四、貧民の間での救恤活動を重視して、医療技術をもった布教師を日頃から養成していた。アルメイダは日本人の医師を育てるために努力したのだが、もしもキリシタン禁制がなければ、早くから南蛮医学を取り入れて日本の近世医学も大きく変わったであろう。宋代からの実証主義的な臨床医学である李朱医学を学び近世医学の父と称せられた曲直瀬道三《まなせどうさん》は、一五八四（天正十二）年に京都南蛮寺で受洗している。八百人の門下生を擁したその一門の中からキリシタンの病院で働いた人たちもいたと考えられるが、それを語る史料は残されていない。

さらに特記しておかねばならないのは、仁徳の高い聖職者が上から教えを垂れて、「世間から見捨てられた棄民」を救うという形をとっていないことである。宣教師や布教師は、同じ神の僕《しもべ》として彼らとともに生活し、その心身を癒すために力を尽した。最後の時がきたならば、その臨終を看取り、魂の平安とイエスの慈愛に包まれることを祈って、神のもとへ昇天していく儀式を行っている。

そのような日常的な人間的接触があったればこそ、迫害が激しくなると癩者の小屋にかくまわれたのである。権力の迫害に屈することなく献身的に奉仕する宣教師たちの姿を見て、癩者たちも心底から慕っていたのである。

弾圧が激しくなった二〇年代に入ると、幕府もそのことに気づいた。宣教師たちの潜伏している所は非人や癩者の小屋であると見当をつけて、徹底的に捜査したのであった。

江戸をはじめ各地で癩者が殉教していった状況については、キリシタン迫害史の先駆的労作である姉崎正治『切支丹伝道の興廃』の第二〇章に詳しい。原主文が浅草の癩小屋で逮捕された際には、癩者も五十人捕えられ、一六二六（寛永三）年の大迫害においても六十八人の癩者が投獄された。

病院を破壊され再び路頭に迷うようになれば、野垂《のた》れ死が待っているだけで、もはやこの世で救われることはない。天上では清らかな身体を得て日頃いつくしんでくれた神父たちとともに生活できるという希望に燃えて、進んで火刑に殉じたのではないかと姉崎は想像している。私もそう思う。

姉崎はキリシタンの布教と慈善事業との関わりを論述して、(1)「病人窮民の給養、特に癩病者の救済」、(2)「当時多かった棄児の収容」、(3)「朝鮮人捕虜の救助」——この三つを重視している。この指摘に異論はないが、さらにもうひとつ、度重なる戦乱によって非人乞食も多かったのだが、その人たちも含めて、当時卑賤視されていた下層民への布教も、第四の課題として今後さらに明らかにされねばならない。

このように考えてみると、以上の四点を踏まえたキリシタンの運動は、日本の慈善事業史や社会医療史の域を越えて、「人間は何を目指してどう生きるか」という、宗教が本源的にになうべき課題としても、その意義を解明していかねばならない大きな問題性を内包していたのであった。

特に同時代の仏教各派や僧侶たちの社会的・思想的活動と対比してみると、わずか九十年の期間にすぎなかったが、キリシタンの運動が提起した問題の重要性がより鮮明に浮かび上がってくる。

そのような視座から、この時代のキリシタンの活動をまとめた体系的な研究書が待望されるのだが、そのためにはとりあえず上記の四つの問題領域にまたがる史料集の編纂が必要であろう。そこから、〈危機の時代〉と呼ばれている現代に生きる私たちも、多くのことを学べるはずである。

八　キリシタン弾圧の強化

幕府のキリシタン抑圧は、寛永年間に入るとさらに強化された。《島原の乱》後は、よく知られているように「踏絵」による徹底的な探索が実施されて、ほとんどのキリシタンが捕まえられた。このように隠れキリシタンを発見して、その布教を根絶するために実施されたのが「宗門改」であった。

「宗門改」政策が実施されるようになったのは、一六四〇（寛永十七）年に幕府に宗門改役がおかれ、井上筑後守がその役についてからである。

潜伏しているキリシタンの密告を奨励する高札が各地に掲げられ、多くの者がキリシタンの科《とが》で処刑された。すでに棄教していたにもかかわらず、見せしめのために殺された者も少なくなかった。

そして、一六六四（寛文四）年には、諸藩に宗門奉行の設置を命じた。さらに一六七一年になると、幕府は「人別帳」を作成して宗門改めを行う制度を全国的に制定した。

「宗門改」では、すべての領民がいずれかの寺院の檀家になることを義務づけた。どこの寺の檀家であるかを人別に調査して、それをすべて記録させた。「帳外れ」になっている潜伏キリシタンを徹底的に探索するためであった。

一六三七〜三八（寛永十四〜十五）年の《島原の乱》後は、各地のキリシタンはほとんど根絶されていたにもかかわらず、宗門改はさらに徹底して実施され、毎年「宗旨人別帳」を作ることが法制化された。一戸毎に戸主と家族のみならず奉公人を含めて、全員の名前・性別・年齢を登記することが義務づけられた。それに宗旨と旦那寺を付し、その寺院と村役人が請印を押した厳密な「人別帳」が作成された。生死・縁組・旅行などの際にも、いちいち寺請証文が必要とされた。

九　「キリシタン類族改」の制度化

さらに追い打ちをかけるようにきびしいキリシタン取締りの一環として、「キリシタン類族改」が制度化された。転宗者とその子孫の動向を監視し、再びキリシタンになることがないように行われたのが世界史でも例のない「キリシタン類族改」であった。

この制度は当時の宗門改役・北条安房守によって、一六八七（貞享四）年から実施された。この改めの対象は、男系では改宗した転キリシタン本人から七世、女系なら四世とされた。改宗者の子孫は、出産・死亡・結婚・移住・旅行にいたるまで、その度に特別な届出を義務付けられていた。つまり、転びキリシタンでも、その子孫は百年、二百年にわたって厳重に監視されたのである。

このような宗門改めは、キリシタン禁圧を口実とした民衆の思想統制に外ならず、結果としては領民を家別・人別に把握して管理する戸籍制度の確立にほかならなかった。このような制度の下では、権力の張りめぐらした探索の目を逃れることは全く不可能となった。

それでも「隠れキリシタン」は、十八世紀前半ごろまでは全国的に散在していた。肥前浦上、平戸・生月、五島列島などがよく知られているが、関西地方でも高山右近の旧領高槻、越前加賀地方、さらに尾張・美濃や陸中・陸前などの一部に、なお数万の信者が集落ごとに潜伏生活を続けていたと推定されている。もちろん、表向きは棄教して仏教徒になっていたのである。

かくして、すべての個人の言論の自由、信仰の自由、移動の自由、職業選択の自由は完全に抑圧された。誰が、どこに住んでいて、いずれの旦那寺に属し、何の仕事をしているか――このようなすべての個人情報は権力によってきっちりと把握されていたのであった。つまり、世界史上でも稀にみる人身統制を行う警察国家が誕生したのであった。

特に九州地方では、賤民層の中からキリシタンになった者が少なくなかった。大分県大野町の被差別部落の墓地には、二十三基のキリシタン墓が残されている。私も現地を訪れたが、一七二六（享保十一）年の年号が刻まれた墓石が現存する。この地は豊後国の岡藩（竹田藩とも呼ばれた）に属していた。初代の中川秀成は熱心なキリシタン大名で、領民の多くがキリシタンになった。だが、二代目の中川久盛は幕府のキリシタン禁令を受けて徹底的な弾圧を加え、改宗しない者は刑死に処せられたが、隠れキリシタンとなってひそかに信仰を持続した集落もあったのである。

一六二二（元和八）年、長崎で五十五人のキリシタンが処刑された。その際、刑吏役を課せられていた穢多に、奉行が処刑の設備を用意するように命じたが、彼らはこれを拒否した。「斯《か》かる仕事は、日本に於ては通常最も卑賤の階層なる皮剝人の行う処なり、されど彼らは之を拒否せり、其の大半がキリスト教徒なりし為なりき」とある。また火焙《ひあぶり》の刑を執行するためにすぐ近くの癩者の小屋で火種を探したが見つからなかった。彼もキリスト教徒であって、刑の執行を妨害するために火種を隠したのである。このように史料に明記されている(「パゼス日本耶蘇教史」『大日本史料第十二編之四十五』所収、一九七一年、東京大学)。先にみた大野町の部落の旦那寺である真宗大谷派の明尊寺の過去帳には、「類族」と記載されている。

長崎県は、長崎港という江戸期最大の港があって土地面積も広いのだが、九州の他県に比して相対的に被差別部落が少ない。この地方は、全国でもキリシタンが最も多かった。したがって弾圧も過酷をきわめたのだが、その問題と深い関連があるのではないか、というのが私の仮説である。何回か島原半島を訪れてキリシタン遺跡を調査してそのように考えるようになった。〈天草・島原の乱〉で約三万人が戦死したが、家族全員で原城に立てこもっていたので、農漁村のかなりが全滅した。乱後、他国から移住させられた移民を中心に村々が再建されていったのだが、この乱の参加者の中には貧しい漁民層もかなり含まれ、そんなに数は多くなかったとしても賤民層も積極的に決起したと考えられる。

そして、この「宗門人別改帳」は、基本的な戸籍台帳として、十八世紀以降から明治維新に至るまで各藩において厳密に実施された。この人別帳に記載されていない者は、いわゆる「帳外《ちょうはず》れ」であって、「無宿」「流人」とみなされた。

元禄期に入ると各寺院の宗旨まで立ち入って関与するようになり、一六九二（元禄五）年には寺院台帳の整備にともなって末寺帳の作成と改訂を命じた。特に西国では、賤民層の多数が浄土真宗の門徒であったが、両本願寺派の寺院体系とは別に、穢多身分の旦那寺が「穢寺」として指定され、本照寺をはじめとする穢多頭寺のもとに編成された。この頃に被差別部落にあった道場の多くに寺格が認められて、穢寺体系の中に組み込まれたのであった。

この宗門改帳では、いくらかの地域差はあるが、原則として穢多・非人は一括して末尾におかれ、あるいは「別帳」化された。このような扱いは、不可触賤民層を〈身分外の身分〉とみなして他の身分層とは隔離した。インドのカースト制度にきわめて類似した身分政策であったと言えよう。中世非人にみられた「種姓差別」は法制化されていなかったが、このように近世賤民に対する差別は法体系の一環として制度化されて、寺社奉行と勘定奉行の統制下に厳密に実施されたのであった。

よく知られているように、天草は明治維新まで「隠れキリシタンの里」であった。秀吉のキリシタン抑圧を逃れてイエズス会士の多くは天草に入ったが、キリシタンが一番多かった九州でも、特に天草における信仰の波は全島に広がっていた。一六三七（寛永十四）年の〈島原の乱〉で島は荒廃し人口も激減したが、一七一八（享保三）年には潜伏キリシタンがまだ残存していることが発覚した。一八〇五（文化二）年の一斉取調べでは、四カ村で五千二百五名の隠れキリシタンがいることが分かった。これが世にいう「天草崩れ」である。

この場合の「崩れ」とは、隠れキリシタンの一斉摘発をさすのであるが、もう一つ有名なのは「浦上崩れ」である。肥前国浦上村山里（現長崎市）で発生した四回にわたる幕藩権力による検挙事件で、一七九〇（寛政二十）年の一番崩れから一八六七（慶応三）年の四番崩れに至るまで四回も摘発事件が発生している（片岡弥吉『日本キリシタン殉教史』一九七九年、時事通信社）。

一八五四（安政元）年、鎖国体制が崩壊して宣教師の来日が認められた。ザビエルの最初の訪日以来、実に三百年がたっていた。来日した宣教師が浦上でなお「隠れキリシタン」が残存していることを知って驚いた。喜んで現地で布教を始めた。

それがきっかけとなって、キリシタン信仰を公然と表明して、仏教寺院による寺請制度を拒否した六十八名が検挙された。この問題を引き継いだ明治維新政府も、江戸時代に形骸化していた天皇制の再生復活政策のもとで神道国教体制の確立を急いでいたので、邪宗禁教政策を継続した。そして天皇臨席の御前会議で「浦上一村総流罪」を決定し、三千三百八十四名を西国の二十藩に分配配流して牢屋に幽閉した。

しかし一八七三年、新政府は欧米外交団の強い抗議に押されてようやく二百五十九年ぶりにキリシタン禁制の高札を撤去した。「長崎県異宗徒帰籍」が命令され、浦上村信者全員の帰国を許した。だが、その間に六百六十二人が死亡し、無事故郷に戻れた信者は約二千七百人であった。

解説

川上隆志

いつだったか晩年近くになって、ご家族とともに、沖浦和光さんはヨーロッパ旅行へ出かけた。行く前には、かつて栄華を極めながら黄昏れてしまったヨーロッパ文明をもう一度、見つめ直したいと言っていた。というのも、沖浦さんにとって西洋中心主義から「転向」し、アジア文明へと思考の軸を移した過去があったからである。

沖浦さんは東京大学の英文科出身である。学生時代は学生運動に没頭し、安東仁兵衛、堤清二、網野善彦らと全学連を結成し、その中心的な役割を果たしていた。しかし運動の挫折後、指導教官であった中野好夫に「いっそ野に下れ」と言われ、東京の下町、大森の中学校の教師となり、中学生に英語を教えたり野球部の監督をしたりしていた。その後、中学の母校でもある桃山学院大学の教員となり、研究者への道を歩むことになる。しかし当時の関心の中心は、マルクス主義やそれを生み出した西欧文明にあった。

転機は一九七三年のイギリス留学だった。沖浦さんはイギリス滞在中に西欧近代文化の限界を目の当たりにしたのである。植民地の富を収奪して成り立った栄耀栄華の成れの果ての姿を、没落しつつあったイギリスで痛感したのだった。そしてその帰路、インドに立ち寄り衝撃を受けた。インド文化の奥深さとその背後にあるカースト制度による厳しい差別の現実に、根本的な思想的衝撃を受けたのである。それ以降、あらためてアジアに目を向ける必要を自覚し、インドやインドネシアなどのアジア諸国への遍歴が始まると同時に、部落差別問題や被差別民の文化、芸能に深い関心をもつようになった。

以後、周知のように続々と著作をあらわし、差別と闘い、貴重な民衆文化の掘り起しをしてゆくことになった。だが大学も定年となり、みずからの来し方を振り返りつつ、かつて憧れをもって研究した西洋文明とは何だったのか、もう一度検証してみたいということでヨーロッパを再訪してきたのだった。

帰国後すぐに電話がかかってきた。真っ先に出た言葉が、

「ヴァチカンはあかん、カトリックは最低や」

というものであった。そしてそれから滔々《とうとう》と、いかにローマ・カトリック教会が世界の民衆からの収奪によって繁栄しているのかを語りだした。ヴァチカンの豪奢な街並みの影にある貧しい人たちの存在。そうした人々からなけなしのお金を集め、巨万の財を成している宗教貴族ぶりに我慢がならなかったようだ。

その一方で、「ザビエルは偉い」とも語っていた。ザビエルが布教して回ったのは、ハンセン病者や被差別民など、その地で最底辺の暮らしを強いられている人々だった。その詳細は本文中で触れられている。出発前から、ヨーロッパへの旅ではバスクを訪れ、ザビエルやロヨラを生んだ風土をみつめてきたいと言っていた。そしてあらためて深い感銘を受けたと、帰ってきてから語っていた。

そんなこともあって、ザビエルの生涯をまとめたいという思いが一気に高まってきたようだ。その頃、会うたびにザビエルの話を聞かされ、ザビエルの本を書きおろしたいとしきりに言っていた。もちろん私が編集できればよかったのだが、ちょうど期を同じくして、私も出版社（岩波書店）を辞め大学に移籍したのだった。それが気がかりであったのだが、こうして一書に編まれたことに感慨を禁じ得ない。

沖浦さんは直情径行の人であった。自分が関心を持ったことについて人に語らずにはいられない。最もその犠牲になるのは編集者である。今どんなことに関心があるのか、そのことの社会的意義は何か、現代世界へのインパクトはどこにあるのか。そういったことを編集者と徹底的に議論するのである。沖浦さんがザビエルに関心を持っているとき、ザビエルが底辺の人びとを解放するため如何に誠心誠意、布教して回ったかを滾々《こんこん》と聞かされたものである。しかも沖浦さんは語るだけでは済まない。とにかく行動に移すのである。ザビエルへの関心が深まると、はるばるインドネシアまでザビエルの痕跡を訪ねて旅に出かけることになった。

沖浦さんと親しく付き合っていた編集者や記者などのジャーナリストたちで形成している全国沖浦会という集まりがある。その会では、沖浦さんの別荘がある和歌山県の新宮で合宿をし、被差別部落のフィールドワークをしたり、全国各地の差別問題に関する研究会などをしていたのだが、そこにある時からインドネシアの旅も加わった。インドネシア各地には深くて広い文明があり、とりわけ先住民の貴重な文化が残されている、それを実際に見てみよう、というのがその動機であった。最初は独特の習俗を持つスラウェシ島のトラジャ族を訪ねたのだが、沖浦さんが次はマルク諸島に行こうと熱心に説きだした。その理由の一つがザビエルだった。

本文にも書かれているように、マルク諸島のアンボンには、先住民の住む村の教会に十字架を持つ蟹に導かれたザビエルの像がある。それを是非見てほしいという。そして一九九八年に沖浦会のメンバーで旅立った。その旅では、アンボンのみならず、一六世紀に日本のサムライが住民を虐殺したバンダネイラ、日本軍が住民をロームシャとして徴用し飛行場を建設したサパルア島、赤いターバンを巻いたアルフルという先住民が暮らすセラム島などを訪ね歩いた。沖浦さんは、今でも貧しい暮らしを余儀なくされている先住民や被差別の人たちを見つめながら、ザビエルへの思いを寄せていたのだろう。一緒に旅をしているジャーナリストにも、ザビエルの眼差しを感じることができたのではないか。

もちろんザビエルにも問題がなかったわけではない。インドのゴアでは宗教裁判による多数の異端者の処刑に関わっている。決して手放しで褒め称えるような聖人君子ではない。沖浦さんはそんなことは承知で、ザビエルを礼賛しているのだ。人間には多面的な貌《かお》がある。その貌をとらえて評価するのか。人物の評価は、実はその人の価値観の裏返しである。沖浦さんの価値観にとって最も大事なものは何だったのか。本書を読んで沖浦さんのザビエルへの思いを辿りなおしたとき、その答が浮き彫りになって描かれていることが読者に理解できるに違いない。

遺著となった本書には、ザビエルと並んで、随所に沖浦和光その人が顔を出しているような感じを受けてしまうのは私だけだろうか。

（かわかみ・たかし　専修大学教授）

本書は著者が最晩年に書き下ろしたものです。
なお、本書のなかでハンセン病患者にかかわる
歴史に触れていますが、現在ではハンセン病は
治療法が確立し、感染性もきわめて低いことが
明らかとなっています。以上の点につきまして
御留意いただくようお願い申し上げます。

筑摩書房編集部

沖浦和光 おきうら・かずてる

一九二七年大阪生まれ。東京大学卒業。専攻は比較文化・社会思想史。桃山学院大学名誉教授。日本国内の多くの被差別部落を訪れ調査を行った。また、アジア各地の賤民文化についても数多く調査・研究をつづけた。二〇一五年没。小社刊に『部落史の先駆者・高橋貞樹　青春の光芒』、『辺界の輝き』（五木寛之との共著）がある。

筑摩選書 0139

宣教師《せんきょうし》ザビエルと被差《ひさ》別民《べつみん》

二〇一六年一二月一五日　初版第一刷発行
二〇一七年 十 月一〇日　初版第四刷発行

著　者　沖浦和光《おきうらかずてる》

発行者　山野浩一

発行所　株式会社筑摩書房
東京都台東区蔵前二-五-三　郵便番号 一一一-八七五五
振替　〇〇一六〇-八-四一二三

装幀者　神田昇和

印刷 製本　中央精版印刷株式会社

 ISBN978-4-480-01647-8 C0321

筑摩選書 0007

日本人の信仰心

前田英樹

日本人は無宗教だと言われる。だが、列島の文化・民俗には古来、純粋で普遍的な信仰の命が見てとれる。大和心の古層を掘りおこし、「日本」を根底からとらえなおす。

筑摩選書 0017

思想は裁けるか
弁護士・海野普吉（うんのしんきち）伝

入江曜子

治安維持法下、河合栄治郎、尾崎行雄、津田左右吉など思想弾圧が学者やリベラリストにまで及んだ時代、その弁護に孤軍奮闘した海野普吉。冤罪を憎んだその生涯とは？

筑摩選書 0029

農村青年社事件
昭和アナキストの見た幻

保阪正康

不況にあえぐ昭和12年、突如全国で撒かれた号外新聞。そこには暴動・テロなどの見出しがあった。昭和最大規模のアナキスト弾圧事件の真相と人々の素顔に迫る。

筑摩選書 0036

伊勢神宮と古代王権
神宮・斎宮・天皇がおりなした六百年

榎村寛之

神宮をめぐり、交錯する天皇家と地域勢力の野望。王権は何を夢見、神宮は何を期待したのか？ 王権の変遷に翻弄され変容していった伊勢神宮という存在の謎に迫る。

筑摩選書 0039

長崎奉行
等身大の官僚群像

鈴木康子

江戸から遠く離れ、国内で唯一海外に開かれた町、長崎を統べる長崎奉行。彼らはどのような官僚人生を生きたのか。豊富な史料をもとに、その悲喜交々を描き出す。

筑摩選書 0046

寅さんとイエス

米田彰男

イエスの風貌とユーモアは寅さんに類似している。聖書学の成果に「男はつらいよ」の精緻な読みこみを重ね合わせ、現代に求められている聖なる無用性の根源に迫る。

筑摩選書 0048

宮沢賢治の世界

吉本隆明

著者が青年期から強い影響を受けてきた宮沢賢治について、機会あるごとに生の声で語り続けてきた三十数年に及ぶ講演のすべてを収録した貴重な一冊。全十一章。

筑摩選書 0058

シベリア鉄道紀行史
アジアとヨーロッパを結ぶ旅

和田博文

ロシアの極東開発の重点を担ったシベリア鉄道。近代史に翻弄されたこの鉄路を旅した日本人の記述から、西欧へのツーリズムと大国ロシアのイメージの変遷を追う。

筑摩選書 0071

一神教の起源
旧約聖書の「神」はどこから来たのか

山我哲雄

ヤハウェのみを神とし、他の神を否定する唯一神観。この観念が、古代イスラエルにおいていかにして生じたのかを、信仰上の「革命」として鮮やかに描き出す。

筑摩選書 0089

漢字の成り立ち
『説文解字』から最先端の研究まで

落合淳思

正しい字源を探るための方法とは何か。『説文解字』から白川静までの字源研究を批判的に継承した上で到達した最先端の成果を平易に紹介する。新世代の入門書。